勇敢堅韌的革命者

LIU JIN-SHI

A Brave and Tenacious Revolutionary

劉金獅回憶錄

劉金獅——口述　張文隆——著

目錄

第四章 十年牢獄

序一

陳菊

——監察院院長

金獅兄的一生，就是台灣民主發展史，他不只見證，更參與其中。

這本書以平實的文字，敘述驚濤駭浪的年代。金獅兄出身平凡家庭，一生踏實、勤奮努力，充滿台灣人堅毅樸實的特性。我想，如果不是對民主、自由殷切的追求，時代的巨輪也就不會這麼因緣際會地將其捲入這洪流，或許金獅兄的生命會很不一樣。

但，這就是人生的選擇與堅持，金獅兄並沒有因為命運的捉弄低頭，而是穩健地迎向每一次挑戰與難關，「行到水窮處、坐看雲起時」可說是他最好的寫照，

2020年10月16日監察院陳菊院長幫劉金獅祝壽。前方坐者為劉金獅與陳菊，後方站立者左起陳俊宏、何康美、劉明玲、張文隆、艾琳達。

而金獅兄與其夫人的鶼鰈情深、相互扶持，我想絕對是他一路走來最大的動力與支柱。

書中記錄了當年許多事件的細節，很大程度幫助讀者透過不同角度看見歷史的面貌，另外，金獅兄生命歷程的點點滴滴，也為我們提供許多彼時彼刻的社會氛圍與狀況，與今相互對照，可窺見台灣進步的足跡，因此我想這本著作所具有的意義已遠遠超過自傳的範圍，為前人後者留下十分重要的篇章。

台灣之所以有今天的民主、自由與人權，憑藉的就是許許多多的「劉金獅們」，單純熱愛這塊土地、無私奉獻，犧牲了家庭甚至性命，依然義無反顧，值得我們銘記與紀念。

序二

Linda Gail Arrigo 艾琳達——人權學者

很高興張文隆老師在三重、蘆洲地區教高中歷史之餘，積極關懷本土白色恐怖政治受難者的苦痛心聲！

我與施明德在一起時，認識了很多政治受難者朋友，在一次政治犯的婚禮裡初識劉金獅。表面上他的案件跟施明德是同案的，究其實兩案原本沒什麼關聯，兩人也毫不相識，只是情治單位把他們硬是湊在一起罷了！

一九七九年十二月十五日我被國民黨政府驅逐出境，此乃美麗島事件之餘緒，一直到李登輝繼任總統，其間整整十年。其後適逢政治犯之大釋放，我才得以在一九九〇年五月底重回台灣懷抱。於是與台灣政治受難者之前緣，得以再續並且更深入。尤其透過劉金獅的引薦，參與了三重地區的草根與婦女的諸多基礎活動。

初與劉金獅交談就非常交心，儘管他身材高大，卻是舉止溫煦、口氣很生怯，典型正直老實的台灣人模樣。一九九七年我在美國取得博士學位後，回到台灣定居，才有更多機會深入了解他。沒想到他僅憑個人的熱誠、勇氣與努力，竟然成立了政治受難者協會。記得我們經常在三重街上一間古老的小小日本料理店，談論著台灣歷史的種種悲劇。印象最深的是，他十一歲時跟父親北上，由蘇澳搭火車到基隆的震撼。火車到基隆站後，全車旅客遭國民黨軍隊嚴禁下車，口渴難耐的他偷偷跑上車站二樓準備喝水時，卻親眼目睹基隆大屠殺，親眼看到碼頭上一排排台灣人被槍殺而後往海裡扔的那一幕，是多麼驚心動魄而沒齒難忘啊！

1999至2000年艾琳達受聘於CIEE國際教學機構，得以向三十位來自世界各地的美國大學生，介紹台灣歷史的真相，也讓他們親自跟政治受難者接觸交流，其間更受到劉金獅熱誠的招待。最後方站立者即劉金獅與艾琳達。

一九九九至二〇〇〇年我有幸受聘於CIEE國際教學機構，得以向三十位來自世界各地的美國大學生，介紹台灣歷史的真相，也讓他們親自跟政治受難者接觸交流。其間更受到劉金獅熱誠的招待，多次大啖觀音的劍筍並快樂的留影。二十多年後，再次看到這些照片猶掛高牆，著實感慨呀！

時光荏苒，琳達我已垂垂老矣，劉金獅也高壽九十。很榮幸

2004年1月17日劉金獅出席回復名譽證書頒發典禮。左起劉金獅、艾琳達、柏楊。

能跟劉金獅共同見證台灣歷史並且參與台灣的點點滴滴，如今這些故事由張文隆記述下來，真是彌足珍貴。張文隆是我的知友，劉金獅更是我長年患難與共的摯友，他們兩位經過我的穿針引線，催生了這本書之餘，竟也成為忘年之交。我覺得非常榮幸，更懷著興奮與期待的心情迎接本書的出版！

左一艾琳達、右一劉金獅

右起劉金獅、邱正盛、艾琳達

序三

陳俊宏

——東吳大學政治系教授、前國家人權博物館館長

在台灣民主運動的道路上，總是看見許多默默奉獻心力的人，無懼無畏站上抗爭的第一線爭取自由與民主，展現對民主追求的信念與決心，前仆後繼，最終促成政治體制的重大變革。本書即在呈現一個民主前輩在不平凡時代的生命故事。

劉金獅前輩遭指涉捲入一九六二年「興台會案」被捕，在政治監獄度過十年牢獄生涯。出獄後仍投身黨外運動，出錢出力，無役不與，也參與民進黨的創黨歷程。本書完整描述在政治壓迫的年代裡，劉前輩不畏艱難勇於對抗獨裁的歷史

2020年10月16日監察院陳菊院長幫劉金獅祝壽。左起陳俊宏、何康美、劉金獅。

詩篇，以及與夫人相互扶持的動人故事。我仍深刻記得在新冠疫情期間，前往劉前輩三重住家探視的時候，看到前輩坐著輪椅，無微不至細心照顧著夫人，鶼鰈情深，令人動容。

謝謝本書作者張文隆先生多年來細心陪伴劉前輩，經由他既精煉又生動的筆觸，完整記錄前輩的生命故事，讓我們理解在每一個社會的每一個艱難時代中，也都存在著這樣的少數人，他們的不屈服，即使沒有立即改變社會，但他們的種種行動，卻深深啟發了後代。

法國哲學家Paul Ricoeur曾說，保存記憶，就是為了實踐正義，換句話說，保存記憶的行動，不僅僅是對過去的肯認，還是對未來的一種道德承諾。通過記憶，我們積極面對過去的不公義，並承載著對他人的道德義務，致力於修復創傷、促進正義和保障人權，確保暴行不再發生。

因此，本書是台灣作為民主共同體的珍貴素材，在當前台灣民主遭遇內外挑戰之際，值得每個讀者細細咀嚼！

序四

劉明玲

——劉金獅女兒

首先需特別感謝張文隆老師的大力幫忙，才有辦法順利出版這本爸爸的回憶錄。若沒有張老師在幾年間不辭辛勞地利用工作之餘，耐心地陪同爸爸口述及記錄整理下他的歷史真相，我們也無法更清楚完整地了解他過去的事蹟。

爸爸的口述回憶裡，有一大部分都是回憶有關他個人在白色恐怖時期十年坐監的經歷，可見這十年冤獄期間對他影響甚深。他甚少提及家庭生活及家人，因爲他幾乎大部分的心思、心力都奉獻致力於民主運動上面，身為子女的我們是很少有機會跟爸爸相處，這是我這輩子最遺憾的事，因此爸爸在我心裡就像是一個

2020年10月03日艾琳達與友人於三峽舉辦中秋烤肉。前方坐者為劉金獅，後方站立者左起劉明玲、張文隆、張宸嘉、艾琳達、Curtis Smith（史康迪）。

有著距離感的英雄，只可遠觀！

面對爸爸的特殊歷史背景，我只能用更寬懷的心情及態度去面對他，特別是他因白色恐怖冤獄而造成的心理創傷是無法抹滅的印記。而這印記更影響了他的家人。曾經我怨恨這個印記，但現在我已欣然接受它與我共存，因這個特殊的印記讓我引以為傲！

感謝爸爸為台灣這塊土地所奉獻的民主養分，也願我們的社會能夠更加珍惜得來不易的民主自由！

導論

張文隆

二〇二一年七月二十七日正任教於台北醫學大學的艾琳達博士，約集了國內外一大群歷史工作者，齊聚台北醫學大學要親自見證歷史。會中大家聚焦於吳義男、姚勤夫婦的訪談，姚勤正是一九六六年「城固專案」受害者姚勇來、沈嫄璋夫妻的女兒。

一九六六年司法行政部調查局長沈之岳在國防部長蔣經國授意下，發動「城固專案」，清洗局內閩籍官員。五月底辦案人員先逮捕《台灣新生報》編輯姚勇來、記者沈嫄璋，擬取姚、沈夫婦供詞，藉以羅織調查局官員蔣海溶、李世傑入罪。沈嫄璋與姚勇來遭監禁在三張犁調查局第一留質室內受盡凌虐，沈嫄璋甚至遭酷刑逼供致死。

在北醫現場，吳義男、姚勤夫婦不只現身說法，還提供了：

1. 國防部判決書
2. 姚勇來〈調查局第一留質室逼供之回憶〉
3. 姚勇來〈嫄璋枉死情形〉
4. 姚勤《我的故事──白色的歲月、變色的我》集
5. 姚勤〈先母沈嫄璋生平及遇害經過暨陳情書〉
6. 軍管區司令部軍法處書函
7. 李世傑《軍法看守所九年》
8. 李世傑《撰呈對被冤誣各事的總答辯》

這麼龐大又真實的訊息量一出，對現場的所有聽眾都是一大震撼！當時負責

左起劉金獅、吳義男、姚勤。

穿針引線，親自領著吳義男、姚勤夫婦到現場的，正是熱心公益無可挑剔的劉金獅先生（金獅伯）。

其實金獅伯本身就是一部傳奇故事，艾琳達博士於二〇一六年十二月二日、二〇一七年八月二十一日、二〇一七年十一月十七日不斷勸說金獅伯，終於讓一向謙遜自持的金獅伯答應於二〇一七年十一月二十日開始受筆者訪問。從此金獅伯和筆者展開長期又密集的口述訪談，至二〇一八年十二月二十八日已完成了三十一次的訪問。從二〇一七年開始，轉眼如今已是二〇二四年，經過這七年的密切相處，不僅催生了這本書，筆者和金獅伯竟也成為忘年之交。

和金獅伯同為宜蘭子弟的筆者，一直對宜蘭母土有著深深的感受，金獅伯生於宜蘭、長於宜蘭，在金獅伯身上很明顯令人感受到宜蘭母土是怎麼孕育一代又一代的宜蘭人！

在東亞地區最著稱的氣候景象就屬颱風與寒流。颱風雖然來勢洶洶，但來得快也去得快，很快就被亞洲大陸給沖得鳥獸散。寒流雖然不若颱風銳不可擋，卻是無孔不入漸進侵襲，由秋天到冬天一波一波走向高潮，即使到了春天，還不時一再給人臨去秋波。或許天候使然，台灣人的性格就像颱風，雖然剽悍，可惜氣不長。

冬天的「蘭雨」，由於冬雨綿綿，甚至可以陰霾整個冬季也難得綻放冬陽，噶瑪蘭大地因而誕生了不少細水長流、堅韌一生的偉大靈魂。金獅伯就是其中的典型。

噶瑪蘭原野上的子民，成長於雪山山脈的青山綠水、太平洋濱的海風吹拂、龜山島嶼的守候呵護……那是一個遺世獨立的天地！噶瑪蘭的浮雲遊子，當他們沿著北宜公路翻過雪山山脈，映入眼簾的故鄉，會讓您內心悸動！每一彎、每一拐，您漸漸地投入故鄉的懷抱……歷經了九彎十八拐後，故鄉噶瑪蘭大地終於將您緊緊擁入懷裡！

當火車不知穿越多少山洞，霎時間海天一際，龜山島巍然獨立，綿延的山嶺交織著蘭陽的海灣，故鄉就在前方！

金獅伯一生熱愛母土的情懷，就是在當中孕育成長的。

第一章 家世與童年時期

一、家世——祖先來自美濃的蘇澳人

我一九三五年十一月十七日（農曆十月二十二日）生於宜蘭蘇澳的猴猴（今蘇澳鎮龍德里）。高祖父是客家人，他從高雄美濃搬來宜蘭。小時候，爸爸曾帶我轉車再轉車大老遠回到美濃拜訪親戚。不過路途遙遠，加上我又不諳客家話，後來自然就失聯了。客家人和河洛人在祭祀時對於牲禮的做法是不一樣的，客家人是整隻不剁的，河洛人則切成一盤一盤的，我家就是整隻不剁。

小學六年當中，三年受日治教育、三年受國民黨教育。國民學校就讀附近的馬賽國校。住家附近雖然還是石子路，不過已經有公共汽車在跑。當時猴猴交通主要是經由五結到羅東的道路。現在的台二線濱海公路尚未通車。猴猴往南先到馬賽，馬賽再往南是隘丁，隘丁再往南就是蘇澳港，這沿途交通還算方便。至於猴猴往北行只要遇到河口，因為沒有橋，只能搭渡船過去，所以從蘇澳往北沿海岸到頭城是非常不方便的。

二、美軍空襲下的童年

美軍來空襲時，大家就躲藏起來，等美軍返航，再去海邊抓魚。原本漁船

劉金獅祖先來自高雄美濃，小時候爸爸劉龜里（圖）曾帶他轉車再轉車大老遠回到美濃拜訪親戚。不過路途遙遠，加上他又不諳客家話，後來就失聯了。

還能出海捕魚，當時釣魚台海域魚群眾多，南方澳的漁船常去捕魚。但戰爭日益激烈後，就禁止出海了。直到終戰後，才再開放。

有一次美軍來空襲南方澳，遭日軍的軍艦擊落，大家歡欣鼓舞，爭相去目睹。說：「看我軍多厲害，擊落了美軍軍機！」但高興沒多久，隔天美軍就來進行大掃射。

相對於南方澳山巖高、離蘭陽平原較遠，北方澳的地理條件更容易引起美軍登陸的興趣。由於日軍擔心美軍登陸，在北方澳山丘種植了一整片的林投樹。戰爭的緣故，我們已經不怎麼唸書，每天大概唸個兩個小時，接著就去北方澳幫日軍。

壯丁團要輪番在山丘上，拿著望遠鏡瞭望。有位壯丁，登高向東方太平洋眺望著，說：「哇！我們的軍機在演習，真精彩、真好看！大家快來看。」我就在現場，過沒多久，前方軍機由遠而近飛行過來，然後就是一陣掃射。他趕緊說：

「不是我軍演習！是美軍來空襲了。」大家趕緊找地方躲藏。

原先日軍還有飛上空和美軍進行空戰，但由於美軍飛機性能優越多了，飛得比日軍軍機還高。沒幾下子，就被美軍擊落，我就親眼目睹。日軍因此不再飛上去迎戰，只是要民眾躲藏，然後用防空砲火反擊。空襲下民眾傷亡慘重，我的一位堂叔就是死於空襲當中。

美軍空襲的緣故，日治時代最後三年所受的教育內容並不多。當時教育相當嚴格並且重視生活常規，遇到警察、老師都必須敬禮，吃飯時即使一粒米飯掉到地上，也會遭到老師嚴厲斥責！老師會說：「你不知道農民為這一粒米，要辛辛苦苦耕耘四個月嗎？這四個月農民要花多少心血！」然後老師會用細小的竹枝打手心，並要求撿起來吃掉。

由於母親早逝，父親和兩位哥哥要工作，所以小時候我由阿媽帶大。阿媽每天晚上幫我準備便當，讓我隔天帶去學校。在我小學畢業後，阿媽不幸過世。

回想當初的生活環境，內心充滿懷念。日治時代的蘇澳街上相當熱鬧又整潔，不像現在冷清而髒亂。街上通往南方澳會經過白米溪，溪水充沛、水清見底。日治當局對河川捕魚有嚴格規定，只能用釣的，毒魚、電魚是嚴格禁止的，釣到小魚一樣要放回水裡，讓牠長大，所以溪水裡魚群眾多。戰後，因為生活困難，濫墾濫伐嚴重，終至溪水阻塞與枯竭，魚群不再。

三、基隆港迎接中國軍隊

終戰時，我們以為不用去上課了，就待在家裡。日本老師佐藤於是來做家庭訪問說：「雖然日本戰敗後，中國政府要來接管；但教育還是要繼續，不能因此就不受教育。」於是我隔天又回到學校上課。

過一段時間佐藤老師和其他老師動員所有學生去基隆港迎接中國軍隊。在現場，我們看到中國軍隊以連為單位分批向前行。我們跟著他們行進的那個連大約一百人，分成三個部分：最前面是持槍的二十人左右，接著是空手的四十人左右，最後則是挑東西的約四十人。行進中，他們唱著：「保衛大台灣……」，但跟以前我們所習慣聽的日軍唱軍歌那種精神氣勢，完全不是同一個檔次，應該說天差地別。再說他們的穿著，只能說有衣服就好，說不上合身，更不用說體面了。尤其最後面挑東西的那部分人，連駝背的也有，挑的東西也是五花八門，包括米、雞、鴨、小豬和鍋碗瓢盆。

路邊有一個阿婆在賣香蕉，她把香蕉分成一小串、一小串放在那。有一個中國兵就拿著他們的中國鈔票跟阿婆買，阿婆一看那鈔票不對勁，說那鈔票不行。雙方言語不通，比手畫腳後中國兵拿了香蕉就跑了，阿婆趕緊追上去。趁這空檔，其他中國兵一人順手拿走一串，一下子攤子上的十幾斤香蕉全被拿光了。等阿婆發現為時已晚，只能在那痛哭流涕臭罵中國兵土匪。我們被眼前的景象驚呆了，身為戰敗國國民的佐藤老師當下心情複雜只能要我們不要亂動，在旁看著就好。回到學校後，佐藤老師只跟我們說：「辛苦了！」然後什麼也沒再說了。

四、令人瞠目結舌的中國政府

新曆過年前，台灣人老師來了，佐藤老師跟我們告辭。阿媽知道老師喜歡吃蘿蔔糕，於是做了蘿蔔糕給老師，老師當下非常高興地向她致謝。

佐藤老師被遣返回日本後，過了一些年寫了一封信給我們的級長，由級長代為轉達。意思大略是說，因為政治的演變，如今彼此相隔兩地，但昔日的情誼令人珍惜。他隻身回到日本後，也失業好一陣子，一天只吃兩餐，由日本政府配給。

台灣人老師接替佐藤老師後，他對中國的「國語」也不清楚。只好現學現賣，

劉金獅（前排右二）到羅東工作時，利用晚上去羅東國民學校內的公正補習班重新學習注音符號，他們十個換帖兄弟就是這時候結識的。

前一天去進修研習，隔一天來學校教我們。我們也知道他的專業能力有問題，有時候上課上一上還會全班哄堂大笑。一直到我六年級時才學ㄅ、ㄆ、ㄇ、ㄈ注音符號，所以畢業時中國「國語」的能力還是不行。後來我去羅東工作時，才利用晚上時間去羅東國民學校內的公正補習班繼續從ㄅ、ㄆ、ㄇ、ㄈ注音符號進修起，我們十個換帖兄弟就是這時候認識的。我的中國「國語」能力主要是在這時學的，在蘇澳時有唸書就像沒唸一樣。

終戰後，不僅再去釣魚台海域捕魚，甚至還跑去沖繩做買賣。我哥哥就曾開船載我一起去。我上船後，就睡覺，也不知開了多久，船來到了沖繩。當時美軍基地有人將軍用衣服和毛毯偷偷拿出來，我們就拿米、糖和菜頭跟他們交換。我和哥哥去了三次，趁半夜打著赤腳走在珊瑚礁岩上岸，珊瑚礁岩鋒利，有時腳刺到都流血了。沖繩當時比我們還落後，比如說我們睡覺前會用水洗洗腳再上床睡覺，他們沒這習慣，腳髒兮兮就直接上床。由於腳踩踏著珊瑚礁岩時實在太痛了，所以我去了三趟就沒再去了。

至於我爸爸原本是和人在海邊牽罟捕魚，當時漁獲量相當可觀。這是因為日治時期，日本當局在沿海岸地區從南方澳到利澤簡皆種著濃密的番仔火樹，想起那情景，真的美極了。濃密的樹林吸引魚群前來棲息繁衍，所以到處都是魚。終戰後因為台灣民眾濫墾沿岸的林木，加上漁船拖著漁網，大魚、小魚皆不放過，漁獲量銳減。本來爸爸捕魚能夠維生，漸漸魚難捕了，於是改為賣蘇澳自家生產的蔬果，甚至於坐火車遠到基隆去賣。

日本時代蘇澳建有馬場，養馬以供應全台的日軍騎兵隊。日本戰敗前，我曾經到過馬場去看馬，真的很漂亮。

中國兵接收之後，情況大變。日本時代的日本兵是每天上山去割牧草餵馬，山上種了很多牧草，日本兵割牧草後會切碎再拌著麥片餵馬，這才是正確的餵馬方式。但是中國兵是直接把馬全部放到山上吃牧草，草都被馬踏壞了，沒辦法再生長。馬隻沒有牧草可吃，因此中國兵才向農民要稻草，再跟民間借牛車載運稻草回去餵馬。

有一次我送貨到騎兵隊營區福利社門口，看到一個小孩在哭泣，上前詢問才知道是被中國兵欺負。

原來中國兵跟小孩的父親借牛車去拖草來餵馬，因被借去的牛車很久沒歸還給他們，小孩就去營區想要回牛車。他不知道牛已經被宰掉了，便逗留在那裡一直尋找牛隻，中國兵見狀便對他大吼大叫又驅趕他，但小孩仍不死心，找到時只剩下牛的尾巴和腳蹄，他這才知道牛已經死了，當場嚎啕大哭。

牛在台灣人心目中的地位是很崇高的，因為牛是幫忙耕作的主力，所以不任意宰殺牛隻。我曾經看過牛隻在蘇澳台灣水泥廠的牆外被電線電死，飼主還幫那隻牛修了一個墳墓祭拜牠，對牛隻的重視可見一斑。但是中國兵竟然如此隨意宰殺農民的牛隻。

日治時期日本將米糧運往南洋支援前線作戰，台灣本島採用配給制度。我大哥大我十幾歲，當時他二十幾歲被徵調去當日本兵，所以家裡配給相對比較多，因此日子還算好過。

後來美軍大舉反攻，前線吃緊，在美軍強大的海空軍封鎖下，米糧根本無法運往前線，所以倉庫堆積如山。

日本戰敗後，單純的台灣人以為中國政府來後會繼續進行配給，所以沒人去打倉庫米糧的主意。哪知道中國土匪政權來後，認為這是他們的戰利品，一船、一船運往中國，還中飽私囊，這下子台灣米價飆漲，大家生計頓時陷入困頓。

當時中國內戰又打得不可開交，國民黨在中國於是採取抓兵的方式，這抓來的人素質差又沒接受過軍事訓練，怎麼打仗?於是就來找台灣人，台灣人當過日本兵，那戰力當然就不一樣，於是國民黨就把台灣人送到最前線。

五、二二八事件——目睹基隆大屠殺

二二八當晚，我家隔壁的福州人，民眾激動地要打他，有人出面制止說：「他是好人，對人不錯，不要打他。」我才十一歲，對外面發生的事，完全不知情。是後來才陸陸續續知道發生什麼事情。

三月份有一天我和爸爸去基隆賣蔬果，誰知道火車一進基隆火車站，荷槍實彈的中國軍隊馬上下令所有乘客都在車廂內安靜等待，任何人皆嚴禁下車。我口渴得不得了，捱不下去也就不管一切衝向火車站二樓，想要找水喝。進車站後，發現一、二樓空無一人，究竟人跑去哪裡，我也百思不得其解。突然間看到車站外的廣場、馬路和空地，中國軍隊持槍在殺人。我看到已經有一些人遭就地槍斃，然後中國軍隊繼續槍殺台灣人。要不然就是拿著大針穿著鐵絲像縫布袋一樣，一個人的手掌串過另一個人的手掌，一個人的腳踝串過另一個人的腳踝，然後用船將一整串人載向大海毀屍滅跡。當下我感到渾身不對勁，完全忘了口渴，只想快逃出這個視線，趕緊回到火車裡。幸好離我們車廂較近的中國兵，頭正望向外邊，讓我逃過死劫！回到車廂後，爸爸正愁找不到我，一見到我進來，惱怒地一巴掌就把我打倒跌坐在門邊。

從下午兩、三點火車到站，到傍晚、到晚上、到黑夜、到凌晨，我們一直被命令只能待在車廂裡，沒東西吃只能忍耐，沒一滴水喝只能忍耐，大小便就在火車的廁所裡，廁所早已臭氣沖天。一直到隔天清晨，我們全車的乘客才奉准離開車廂。出了車站後，外面圍著封鎖線，僅允許我們走火車站到公路局客運站的一條通道。爸爸這才帶我吃個番薯簽稀飯，我吃了兩碗，也沒任何菜可配。由於火車停駛，吃完就搭公路局的公車返回宜蘭。既然買賣無法做，回程時就在頭城下車去親戚家拜訪。親戚知道我們父子倆整晚都沒吃，做了飯又拿魚乾和鹹肉給我們配，這已經吃很好了。

當時年紀小，對於親眼目睹的情狀，覺得很不對勁，但心裡說不上來。直到日後日漸長大後，才終於明白事情的原委。

第二章　求職到創業

一、羅東醬油工廠的震撼

國民學校畢業後，我先在蘇澳的醬油工廠擔任送醬油到雜貨店的工作，一年後親戚介紹我轉往羅東的醬油工廠。

初到羅東，我根本人生地不熟。進了醬油工廠，人家吩咐我做什麼，我就做什麼，完全沒去注意一旁用帆布搭著一個小寮。過幾天，當我騎腳踏車送貨回來，進到廠區我照例下腳踏車改用牽的，不經意發現老闆娘從小寮低聲啜泣走出來。我心頭一愣，問工廠裡一個老師傅：「老闆娘怎麼在哭？」他小聲跟我說：「那是思想犯，安靜，不要講！」我從小就有耳聞「思想犯」，但一直不知道是什麼意思，這一次更讓我感到好奇。到晚上睡覺時，我才問工廠裡製作醬油的師傅同時也是受難者的堂弟。他才跟我說：「馮錦煇因為思想問題遭槍斃，馮錦煇的妹妹馮守娥則被判刑十年，現在在綠島坐牢。」當時我還只是國校才畢業一年的小孩子，聽到要關十年，整個人都傻眼了，況且還是一個女孩子。但我對何謂「思想犯」，心中還是充滿疑惑。直到多年後我的案件發生，進了押房，我才知道原來「思想犯」就是當局所謂的「叛亂犯」。

馮守娥出獄後嫁給大統派的陳明忠，馮守娥有個妹妹叫馮昭卿，馮昭卿後來出國留學認識李界木並共結連理。

當時我們兩個禮拜休假一次，有一次工廠的另一個製作醬油的師傅，邀約我作伙去冬山鄉廣興的白蓮寺打小鳥。

白蓮寺，創建人是妙慧法師，一九一八年生於屏東縣，俗名陳秀蕙。她曾到日本名古屋宗榮尼眾學林留學，一九四四年在三星草漉先天派齋堂基礎上創

劉金獅與陳智雄妹妹妙慧法師（俗名陳秀蕙）合影於宜蘭縣冬山鄉的白蓮寺。

建白蓮寺，接受女眾出家修行。一九五一年將寺院遷建至冬山鄉廣興現址。

當時地面種的豆類植物沿著樹幹攀爬而上，小鳥因此聚在上頭吃豆子。我們之前打過幾次，都打不準，這一次命中了一隻白頭翁。當白頭翁叫了一聲墜落地面時，突然在眼前不知什麼時候出現三個尼姑。為首的住持就跟我們說：「阿彌陀佛！施主能把這隻鳥給我們嗎？」台灣民間尊重出家人，所以我們就算心裡不想答應也要答應。等我坐牢時，我才知道大名鼎鼎的陳智雄正是她的親哥哥。

在蘇澳醬油工廠工作時，老闆教了我賣東西的訣竅。他說：「你不要雜貨店跟你訂十打醬油，你就真的只送十打醬油去，要再半強迫多塞個兩打，這樣雜貨店訂的醬油自然就會漸漸增加。」我就依老闆的意思這麼做，來到羅東後我繼續採用這方法。此外，我還會請雜貨店員工吃飯、看電影，藉此拉攏感情，遇到辦桌的總舖師傅訂貨時，雜貨店員工就會將總舖師傅訂的醬油品牌改為我賣的品牌，我還會送包香菸讓雜貨店員工可以轉送給總舖師傅，讓總舖師傅心情爽快一下。

當時我就觀察到做生意懂不懂竅門真的差很多，不懂竅門的再怎麼做生意，始終只是兩夫妻在做。知道竅門的，則是生意愈做愈大，甚至請到十幾個員工。譬如說，一般人賣糖就純粹是進貨價再加點錢就是出貨價，反正就是賺取當中的微小價差。但真正會做生意的，賣糖根本沒在賺，充其量只是賺到那個裝糖的大布袋。那麼他要賺什麼?糖這類民生必需品不貴，真正要賺大錢不能靠糖。他只是靠著糖比較便宜來吸引顧客，讓顧客覺得他這裡東西比較便宜，然後在山產、海產上做文章。像是他批了海產回來後，就把海產曬乾，然後再加鹽水去煮，鹽就這麼滲透進去。海產貴，而鹽巴便宜得很，他就算用比一般雜貨店便宜的價格賣，還是賺得多。然後客戶覺得他的糖便宜，山產、海產也便宜，自然就一直來光顧，生意就愈做愈大了。

二、北上台北市冬粉工廠

我在羅東的醬油工廠待了幾年，這期間就是每天騎腳踏車將醬油送到羅東、冬山一帶的雜貨店。我跟各雜貨店的員工都相處愉快，還會請他們吃飯、看電影。有個來自台北的冬粉老闆突然約我吃飯，我年輕單純，人家請我吃飯就赴約。原來這老闆看我和雜貨店員工打成一片，想對我進行挖角。他說：「你願意來我台北的冬粉工廠上班嗎？我工廠有房間給你住。你就來往台北—宜蘭兩地幫我推銷冬粉並收帳，羅東、冬山這邊你已經有基礎了，至於宜蘭市我會帶你去認識當地的雜貨店。我現在在宜蘭的業績一個月賣一千八百斤，我給你的底薪雖然比醬油工廠低一些，但你只要賣超過一千八百斤就會依超過的額度得到不同的獎金。」我想想後，覺得這可試看看，於是就到台北的冬粉工廠工作。

冬粉工廠在公館國防醫學院附近，我的工作就是從那出發搭火車到宜蘭，下火車後到各雜貨店收取訂單，然後用明信片寄回台北的工廠，之後工廠就會寄貨過去，等我下次去再收帳款即可。在宜蘭市，我下車後徒步前往，羅東也是，至於冬山則是從羅東搭乘公車前往。我後來往南擴展據點到蘇澳甚至花蓮，往北則是頭城、瑞芳甚至基隆。

當時前往花蓮只能搭乘公路局的客運，蘇花公路不只塵土飛揚，而且還是單行道，南下、北上車輛分時間前進，搭到花蓮已經花費很久時間了。每次從花蓮回來時，睡個大覺後，隔天一早我會去工廠附近的菜園散步。有一次，一位農民跟我說：「種田沒用啦！我這土地一坪五元你要不要買？」當時年輕沒想到要買土地，後來想想當初如果買下來，那就不得了了。

冬粉老闆挖角我去之後，我也如法炮製在醬油工廠時的訣竅，於是我賣的冬粉數量增長很快，沒多久就從他原本的一個月一千八百斤增加到五千斤。冬粉老闆很開心，年底尾牙時不只做了一套西裝給我，還當著眾員工面前稱讚我。我後來不只幫冬粉老闆賣冬粉，自己也去批一些貨，像是豬肉罐頭等等，所以我一方面領冬粉老闆的薪水，另一方面也趁機自己做生意。

三、落腳三重推銷紡織廠機械零件

當兵前我改推銷紡織廠的機械零件，也在這個時候，因為紡織廠員工的介紹，我認識了我太太。當時她工作的工廠在三重靠近台北橋下那一帶，旁邊就是三槍牌工廠。

冬粉生意我固然做得不錯，但當時食品加工利潤有限，那是紡織業全盛時代，板橋、三重四處林立著紡織廠，遠東紡織、新光紡織都在這時崛起，現在的新光醫院就是以前的新光紡織廠房。由於朋友的弟弟要去當兵，問我要不要接他弟弟的工作。我答應了，因此走向推銷紡織廠的機械零件，也從公館搬到三重來。

去紡織廠行銷可不像去雜貨店。雜貨店可以穿著隨興，進去就直接找老闆。紡織廠要穿著體面，進去要找工廠的總務。朋友將弟弟銷售的機械零件樣本提供給我，也提供各紡織廠的資訊，連每家紡織廠總務要拿多少回扣都有。

於是我就帶著貨品首先去新光紡織。一進大門，警衛問我：「你要找誰？」我答：「要找總務。」警衛又問：「跟他有約嗎？」我答：「沒有。」警衛說：「你們認識嗎？」我答：「不認識。」這樣的對話，警衛當然不可能讓我進去。

回來後，我找朋友商量。朋友說：「你不能再穿這麼隨興，你改披夾克、穿著布鞋前去。」我自己想想，這還不夠。於是去賊仔市買了一套西裝、一只行李箱，皮鞋我自己有，就這樣我再次去嘗試看看。到新光紡織，幸好警衛換人輪值，於是我就鼓起勇氣說：「我想拜訪你們總務，我和他約好了。」他就說：「請進。」但當下麻煩了，我根本不知道辦公室是哪棟，如果我問警衛，馬腳不就露出了。於是我硬著頭皮往前走，幸好前面出現一個女工，她告訴我辦公室在二樓。於是我上二樓，迎面是一個小姐，小姐問我：「你要找誰？」我說：「要找總務。」她馬上向裡面喊：「游先生，要找你。」就這麼順利見到總務了。

我當即向總務表明來意，希望他能捧個場。總務一開始告訴我，他們已經有合作的客戶了。我誠懇地拜託他，並把樣品留下來，供他們免費試用，表示如果用得好再跟我正式下訂。總務每月的額度約六、七十萬，原本我希望他能跟我訂個四、五萬，試用後他跟我訂六、七萬，之後就基本是這個額度。

我推銷的範圍不僅止於雙北地區，雙北以外比較大的是台中李卿雲，此外彰化和美、桃園中壢也都有。

四、服兵役

當兵期間我先在新竹赤土崎新兵訓練中心受訓兩個月，接著到台北市六張犁兵工學校學兩個月，之後遴選到台中通信營無線電連本部，再去通信營無線電連汽車保養廠擔任一般補給半年，然後回到通信營無線電連本部，最後再轉至通信營無線電連載波台直到退伍。

在新竹赤土崎新兵訓練中心原本是要受訓四個月。我們同一梯有很多人在那裡，分為好些個班，我是其中一個班長。班長要帶隊，但不用站衛兵。大家的學歷都不高，全部只有一個初中畢業，多數是國民學校畢業，甚至還有不識字的。

當時軍營沒什麼建設，我們要從頭開始。我們兩個人一組去山坑裡搬著巨石，搬到營區建築用。在崎嶇的地形搬，兩個人反而不好搬。和我作伙搬的同袍是農家子弟，體力好，做事快。我就和他商量說：「我們兩個人一起抬大石頭到營區反而慢。這樣好了，你就一個人抱著大石頭到營區，效率反而高。然後為報答你，我把我的菸和饅頭都給你。」他覺得這樣可行，於是我把菸和饅頭都給他後，跑去浴室地板上納涼。炎炎夏日下，浴室地板是水泥鋪的很涼，一陣陣涼風吹來，更是涼快極了！其他同袍看到我在那邊納涼，也紛紛跑來摸魚，人一多自然就被班長發現了。我動作快，趕快閃人，然後抓起泥土將臉和全身弄得髒兮兮的，再跑回我的夥伴旁假裝正在搬東西。雖然如此，但我身高明顯比其他同袍高，那班長其實是有看到我摸魚。於是用他那種沒人聽得懂的北京話亂罵一通，然後說他明明有看到我。我則用台灣話回答他說：「我沒有啊！」那班長很氣，訓斥了其他被他逮到的同袍，嘴巴還一直說：「我明明有看到你！」事情就這樣不了了之。那班長的北京話真的好笑，沒有幾句話讓人聽得懂，譬如說「豬油」，他說成「ㄐㄧ ㄧˊㄠ」。

兩個月後，我被遴選到台北市六張犁兵工學校學補給。兵工學校的教官是教得很賣力沒錯，但我們程度不行。數學的代數搞不清楚，英文則連字母的基礎都沒有。擔任補給兵要負責的裝備很多，這些都以英文字母當代號，我們連英文字母都不懂。教官要我們認真學，不然無法結訓就要回陸軍做最辛苦的工作。

又兩個月後，我被遴選到台中通信營無線電連本部，再去通信營無線電連的汽車保養廠擔任一般補給半年。在台北市六張犁兵工學校時，我學過開軍用兩噸半大卡車。到通信營無線電連汽車保養廠，我利用時間繼續學著開。有一次，趁著沒人的時候，我將軍用卡車開出去，結果不小心撞到通信營長的宿舍。這著實把我嚇了一大跳，所幸四下無人。

在通信營無線電連汽車保養廠期間，我當時是上兵，同單位有一個廣東籍的下士和我發生衝突。發生衝突的原因是，他擔心士兵太閒，經常找事情給士兵做。譬如要求每天都要擦拭架上待補給的裝備。我剛開始很認真擦拭，但那邊風沙太大，不管擦得多乾淨，隔天又是蒙上一層塵土。我就覺得幹嘛做白工，等其他單位要東西時，我再擦乾淨給他們不就好了。但那個廣東籍下士，他的工作要在外頭曬太陽，他看到我在室內不用做事，心理不平故意找我麻煩，於是和我爆發衝突。汽車保養廠廠長是個士官長，他早就想整我，於是挺廣東籍下士，幸好唯一目擊證人是山東籍的士官，他們因為不同省籍所以不合，山東籍士官的證詞對我有利，我因而沒事改調回無線電連本部，再轉至無線電連載波台。

汽車保養廠廠長和我有恩怨是因為他貪汙伙食，將剩餘的米私下拿去外面賣，上面的人來調查，我作證確有其事，從此他就和我結下樑子。服役於載波台期間，有一次我去汽車保養廠領取螺絲起子，剛好遇見保養廠廠長，他刁難我，不讓我領取，我隨手一揮，螺絲起子揮到他，他揚言要對我不利。於是我回去報告台籍的上尉載波台長，台長要我不用理他。到晚上真有兩個憲兵前來找我，說我是不法份子，台長就直接將那兩位憲兵轟回去。後來這案件進行調查時，幸好又是那位山東籍士官是唯一目擊證人，他的證詞同樣對我有利，我因而沒事。

五、退伍後改行從事皮革生意

在推銷機械零件時，我認識了一位鄭姓友人，退伍後他建議我改行去學做牛皮，牛皮利潤比較多，我因此改而做皮革生意。我先是受皮革工廠聘請，接著自己開皮革工廠。

我受皮革工廠聘請七、八個月，這期間我學會了一些製作技術。我先學會大致的技術，其他等自己開業後再繼續學。開業後我一直做皮革生意直到入獄。我太太則一樣在紡織廠工作。

我太太一九三九年一月十四日出生，生父姓高，住台北市迪化街，他生養子女有十來個，我太太排行老三。她六歲時就由三重的汪家領養，汪家住在三重區公所那，原本田地不少，我丈人覺得種田沒前途，於是就把田地全賣光了。丈人原本沒生小孩，在領養一兒一女後，才生了兩個女兒。由於家庭貧困，太太國民學校畢業後，就去紡織廠當女工，當時是兩班制，每天工時十二個小時。

我們於一九六〇年一月十六日結婚。長女劉安庭（原名劉明珠），一九六〇年十月出生。次女劉明玲，一九六六年五月出生。兒子劉建宏，一九七四年八月出生。

1985年劉金獅與愛妻合影於阿里山。

婚後，因為要準備家裡的拜拜，太太於是問我兄嫂牲禮要怎麼拜，我兄嫂說整隻拿來拜，不能剁。原來這是客家人的習俗。我高祖父是客家人，他從高雄美濃搬來宜蘭，因此沿襲客家人牲禮整隻拜的習俗，和宜蘭在地不一樣。我也曾經和爸爸搭火車到高雄，然後再轉公路局客運到美濃，對於美濃我的印象已經很模糊了，最清楚的反而是公路局客運站牌。當時爸爸和我已經習慣講河洛話，言語不通之下，彼此自然就生疏，後來就沒再去了。

當時的牛皮來源主要是國外進口，國內不多。牛隻有水牛和赤牛（黃牛），水牛的皮較粗，赤牛的皮則較嫩，兩種牛皮的用途也不一樣。我主要做水牛皮。我買進牛皮後，先清洗乾淨，然後將石灰混合藥劑醃製牛皮後再浸泡，如此牛皮能更加堅韌，才能用機器切割。

牛皮製成皮革後，使用範圍相當廣。我做皮箱、沙發、皮帶、鞋底乃至皮衣的皮革，也提供蘆洲功學社製鼓用的皮革，但製作鼓所要求的皮革非常薄，牛皮很難做到，做不好就被退貨。

由於私宰牛肉可以逃漏稅，三重這邊很盛行，後來因為政府取締轉移到對岸的葫蘆堵。隨著機械化的到來，農耕和搬運愈來愈不需要用到牛隻，所以老邁的牛隻就成了屠宰的對象。

六、錯過的致富機遇——魚肚皮革生意

當時玲瓏手搖鼓在東南亞需求非常暢旺，有一天我照例拿牛皮製成的皮革去給製作皮箱的廠商。他拿了一張皮革，問我有沒有做這種。這是他從基隆買來的，他需要更多。我看了看，看不出那是哪種皮革，他說那是魚皮皮革，我實在看不出是魚皮皮革的樣子。於是我跟他拿了其中一張，再拿著他給的名片來到基隆。

來到基隆後，我看到對方正在製作皮革。於是就拿著皮箱廠商給的那塊皮革問說：「這要哪裡買？」對方回答：「我們這邊沒有，那是從高雄買來的，還要等六個月貨才會來。」以我長年製作皮革的經驗，我一看就知道他正在做那種皮革，於是我假裝很急，說：「糟糕！我答應人家，現在買不到怎麼辦？」於是就跟他在那邊聊起來。

我只看他切割出鯊魚的肚皮，然後用石灰浸泡，接著再用硫酸洗過，皮革就完成了。原來這皮革是魚肚皮製成，製作工法這麼簡單，成本又低廉。

當時一張尚未加工的魚肚皮只賣八、九角，加工完後則賣二十元，這利潤太可觀了，我覺得我該利用這機會好好賺一筆。

於是我在基隆還有南方澳，請廠商幫我蒐購鯊魚肚皮。我分別給基隆和南方澳的廠商訂金五百元，請他們各幫我蒐購兩千張皮。當時跟我訂貨的皮箱廠商則給我五千元訂金。

我用每張原料皮二元購買，等我做成成品後，轉手用二十元賣出去。石灰不貴、硫酸也便宜，這加工又簡單。就算我一張魚肚皮成本是一塊半，那利潤還有十八塊半。四千張的魚肚皮成本只要四千五百元，卻能賣出八萬塊的價格。我賺個幾次，不致富也難。

於是我和基隆與南方澳廠商約好某天清晨五點在台北市中央市場交貨，未料凌晨一點多我就被捕了。被捕後，家人都不曉得我的音訊，廠商更不用說了。

當時有人在做玲瓏鼓外銷到東南亞，由於缺乏魚皮皮革，因此跟皮箱廠商高價買。他才轉而問我能否賣他，還一口氣給我五千元訂金，當初這市場需求有多大可想而知。可惜突然入獄，讓我的夢想全破碎了。

我出獄後，得知後來有人就是在我入獄後做魚肚皮致富，然後在我出獄前三年移民到美國去。

第三章

參與一九六二年台灣獨立聯盟案

一九六〇年是國民黨政權處理政治案件的重要分野，在一九六〇年以前是以紅色案件為主，以後則將重點放在台獨案件。這跟台灣獨立運動的勃興有關，國民黨政權恐慌之餘，對島內和海外的台獨運動同時展開迫害行動。

一九六二年的五月八日，國民黨政權透過「抓耙仔」的告密，破獲島內一個僅次於蘇東啟案的台獨案，並展開長達一個多月的逮捕行動。這個案子就是由三個組織合併的「台灣獨立聯盟案」。

此案緣起於陳三興所組織的「學進會」。這個組織是陳三興就讀高雄中學時，結合陳三旺、郭哲雄、王清山、董自得、邱朝輝、蘇鎮和、高尾雄、林振飛等人所成立的。

一九五八年七月，陳三興決定輟學到社會學習活知識，離校前，他曾召集一次會議將「學進會」更名為「台灣民主同盟（註：又稱興台會）」。陳三興離校後，和他弟弟前往台北市的牙科醫院當學徒，此時吸收了一位比他大十多歲的親戚宋景松（住在三重），宋也立即吸收了劉金獅、林輝強，使得組織很順利地走出社會。

一九五九年七月，蘇鎮和、董自得兩人考取台大法律系，也到了北部，因此，他們聚會討論組織問題的機會更多。

這個時候，也有另外兩個組織分別出現。一個是台中一中的「自治互助會」，一個是高雄中正中學的「亞細亞同盟」。

「自治互助會」的成員都是台中一中學生，成員包括吳俊輝、江炳興、黃重光、陳新吉、吳炳坤、林俊光等人。「亞細亞同盟」則只有施明德、蔡財源兩人。

其中，很巧合的是，施、蔡兩人與陳三興、董自得、郭哲雄都是小學和初中的同學。當郭哲雄知道他們已經組織「亞細亞同盟」，就把消息告訴陳三興，有意促成兩個組織的結合。

一九五九年底，陳三興等人返回高雄，在施明德的父親開設的明春旅社，與施明德、蔡財源及施明德的兩位哥哥聚會，決定將合併後的組織名稱叫做「台灣獨立聯盟」，並由施明德、蔡財源兩人領導。

一九六〇年中，施明德以同等學歷考入陸軍官校候補軍官班。一九六一年七月，蔡財源從中正中學畢業，也依照當初他與施明德所約定的，考取陸軍官校正期班三十三期。

施明德是在一九六一年八月從候補軍官班畢業，即被派往金門擔任少尉砲兵觀測官。

一九六一年七月，「自治互助會」這邊的幾位也畢業了，他們之中有三位也準備進入軍中發展組織，江炳興考取陸軍官校三十三期，黃重光進入砲兵學校，陳新吉進入陸軍通訊學校。

江炳興進入陸軍官校後，即吸收了兩位軍校學長吳炳坤、張泉地，其中，吳炳坤也把他哥哥吳呈輝、弟弟吳炳麟拉入組織。

江炳興進入軍校，雖然與蔡財源是同期同班，但是，他們是在各自吸收了一、二位成員之後，才知道彼此的意識型態相同，後來，蔡財源也吸收了高他二年的陳春榮，從此，他們五人就經常在一起聚會，很自然的，也談到組織合併的問題。

「自治互助會」的台中成員，在聽到江炳興等人的提議後，全員同意。於是，三個組織合併成的「台灣獨立聯盟」更為壯大。

進入一九六二年開年不久，「台灣獨立聯盟」成員個個雄心萬丈，幾位重要成員在高雄體育場的聚會中，就已有準備展開行動的意味。

然而，由陳三興在雄中時代吸收加入的李植南，在這個節骨眼的時候，露出了狐狸尾巴，原來他已經向調查局自首成為線民，「台灣獨立聯盟」因而曝光。

從一九六二年五月八日起，組織成員開始分批遭到逮捕，一直到五月二十日，民間的成員全部被逮捕；自六月八日至六月二十二日，在軍中的成員也一一被捕。其中，吳炳麟在偵訊時遭特務刑求致死，移屍到鐵軌上讓火車碾過，偽稱是他自己跳車死亡。

此案分三批起訴及判決，結果判了一個死刑（宋景松，以前曾犯過紅色案件，因屬累犯，故被判死刑），兩個無期徒刑（施明德、陳三興），五個十二年（蔡財源、陳三旺、董自得、蘇鎮和、郭哲雄），三個十年（劉金獅、吳俊輝、江炳興），一個七年，十一個五年，一個二年，一個無罪。

以上是邱國禎先生所撰寫的〈一九六二年台灣獨立聯盟案〉，對於事件始末敘述的非常詳實。

這裡我就針對我參與的部分補充說明。

一、熱衷黨外活動

改行做皮革生意後，我先去當皮革工廠的學徒，因而認識了裡面的師傅宋景松。

我平常會看《自由中國》雜誌，一九六〇年雷震案發生時，我自然會注意。審判前一天，時任省議員的李秋遠在演講場合遇見我，我們相約一起去軍法處關心。當天李秋遠騎著機車載我去，結果李秋遠跟軍法處說了半天，軍法處還是不讓我進去，最後只有李秋遠自己進去。

李秋遠一九二一年出生，我一九三五年出生，他大我十四歲。因為我和他親戚認識，所以黨外人士中，我和他特別熟。

立委李應元博士及民主前輩劉金獅、中研院李鎮源院士、前省議員李秋遠熱烈支持
民進黨提名 外交專才張禎祥國代候選人

1996年張禎祥（後左一）競選國大代表時，劉金獅（前左一）和李秋遠（前右一）等人聯合推薦的文宣。

由於我對政治非常熱衷，黨外人士的演講，不管是李秋遠、高玉樹、宋霖康等等，我都想辦法騎腳踏車去聽。也因為這樣，宋景松發現我反國民黨。

我那時二十六歲，陳三興比我年輕，他們只不過高中剛畢業。為何我會輕信他講的話呢？其實我自小就反對國民黨政權，只是苦無機會。陳三興聲稱：「我們軍隊和學校都有人，武器和資金也準備好了！」聽他們這麼說，自然覺得很好，覺得可以拼一拼，就想要有所行動。哪知道陳三興所說的都是假的。

當時我經常騎著腳踏車去聽黨外政治人物的演講，宋景松如果找不到我，就知道我去聽演講，就會跑來會場找我。像李秋遠就經常在他家附近的寺廟舉辦演講。當時沒有麥克風，是用厚紙捲成簡單的擴音器。李秋遠講完後，我就在台下簡單跟他打聲招呼，幾次問候後，才發現我丈母娘和他們李家是親戚。所以我跟李秋遠就更熟了。這也是為何一九六〇年雷震案發生後，他會用摩托車載我去聆聽審判。無奈他是省議員能夠進去，但他跟守衛說了半天，守衛終究還是不讓我進去。

二、加入「台灣民主同盟（興台會）」

有一天陳三興從高雄來到台北找宋景松，陳三興說：「蔣政權快被踢出聯合國了，我們應該趁這時機做點事情。」於是宋景松便計畫邀我和林輝強等人加入他們的組織。他來找我說他要介紹一個朋友給我認識，聲稱那個人也很喜歡去聽高玉樹等人的演講，這個人就是陳三興，於是我們就加入。

陳三興、陳三旺、郭哲雄、王清山、董自得、邱朝輝、蘇鎮和、高尾雄、林振飛，都是高雄中學的學生。所以我們組織當中，除了宋景松、林輝強及我之外，其他人都是學生。總之，陳三興一方面透過親戚宋景松找上我和林輝強，另一方面則是聯絡他讀雄中現在在台北唸大學的同學，然後大家在三重開會討論。

我們第一次開會在三重正義國小。學校旁邊都是農田，沒有房屋，路很狹小，雨下大一點就會淹水。記得那是初夏的傍晚，大家陸續進到學校散步，在中庭銅像的周遭坐了下來，假裝乘涼。為了逼真一點，還把外衣、外褲都脫掉，剩一條內褲坐在石頭上。討論時不能面對面，眼睛得看他方、身體面向不同方向，然後嘴巴討論。戒嚴時代禁止集會，三個人在一起就是集會，就觸犯戒嚴法。所以黨外人士、異議份子們，只有參加告別式這種民間宗教活動時，才能正大光明見面。

開會時計畫，趁國民黨政府被趕出聯合國後，衝進總統府推翻國民黨。陳三興誆稱：「現在學校、軍隊都有我們的人，武器和資金也準備好了，只差民間缺乏支持的人力！」

三、拉攏角頭勢力

民間缺乏支持的人力，確實傷腦筋。宋景松、林輝強和我討論如何吸收民間人士，最後由宋景松提議，拉攏三重各戲院旁的角頭來充當人手，但不坦白告知他們要推翻國民黨的事情。宋景松當然知道這方法太天真，但也沒有更好的辦法，於是決定照此進行。

下一步就是，找固定地點聚集那些人。林輝強舞技好，我們決定採舞會方式拉攏他們參加。我曾推銷紡織廠機器零件，因而熟識三槍牌的員工，於是利用三槍牌的紡織工廠舉辦舞會。先找廠內的男、女工人，再找角頭勢力，共同參與舞會。我不只負責去租歌唱機使用，還負責提供免費的牛肉。

我經營皮革工廠生意，所購買的牛皮，來源大都來自三重淡水河邊私宰的牛皮。私宰的牛皮，處理得不是很好，裡面總會帶有一些牛肉。我在牛皮加工製作前，先把黏著在牛皮上的牛肉割下來。我就煮這些牛肉，拿去現場給參加舞會者享用；甚至舞會後，他們還會到我皮革工廠吃牛肉當宵夜。當然他們也會到淡水河邊，幫我扛牛皮到工廠。私宰的牛皮大都在半夜進行交易，警察常來淡水河邊突襲，大家見狀趕快逃跑，牛皮就隨地丟棄在淡水河邊。

來參加舞會者最多達到一百多人。隨著人數增多，又因抓牛隻私宰愈來愈嚴格，牛肉來源缺乏供應，人群很快就流失了。

四、場地勘查

每次開會後，我們都會去總統府附近實地繞一圈勘查，以了解地形，知道如何攻進總統府。還有，如果攻占了總統府，應該先把台北市對外交通唯有的三座橋梁：台北橋、光復橋、螢橋炸掉，以阻斷國民黨的援軍。後來我們被抓後，國民黨從口供中得知此事，據說從此就派憲兵駐守這些橋梁。

當時我們的規劃，就只是如此單純而已。宋景松很天真地認為，角頭勢力有情有義，時間一到，拿棍棒、武器給他們，他們就會跟我們走，如此就能輕易攻入總統府。

陳三興高中畢業後就沒有繼續唸書，是出獄後才再考上大學。他當時在家自己做齒模的生意，有一位雄中的同學常來找他聊天，陳三興常跟他談時事及批評國民黨的種種不是，該同學也頗為認同。由於陳三興以為他的同學沒有職業，所以找他幫忙做齒模工作，給他一點小費，待他如親兄弟一般，無話不談。

五、抓耙仔

有一次陳三興有事無法北上參加組織開會，就委託他這個同學帶一張紙條給宋景松，那一次他也留下來開會，那次開會之後沒多久，國民黨就開始抓人了。

我們的組織被發現，我懷疑是陳三興的同學密告，因為只抓我們，而他沒被逮捕。我不知道他的名字，組織開會時他也會發表意見，讓我們不疑有他，把他當成自己人。

由於陳三興常常說一些對國民黨政府不滿的話，他同學才會被情治單位吸收而常常去找他聊天，目的就是為了要更深入了解我們組織的事情。

回想起來，當時組織對人員背景過濾太過輕率、對身邊的人過於信任、招募人手的方法過於粗糙，這些都是失敗的因素。當然更重要的原因是，這群年輕人過於低估國民黨政權的能耐，以至於整個行動就如飛蛾撲火。

他那個抓耙仔同學根本沒被抓，我們才恍然大悟，事後我們就沒再見過他。有一次我在台北街頭遇到一個人很像他，但只是擦身而過，我也不敢百分之百確定是他。

六、台北市警察總局

開會時我們討論過了，若被逮捕，地點、人物絕不可以供出來。我們被抓到台北市警察總局，局裡押房總共有十二間，為了讓我們十一個人每人獨自關一間，其他人犯臨時全部擠到剩下的那一間，他們幾十個人擠在一間都沒辦法睡覺。

當時有兩個到押房倒茶水及送飯的外役，其中有一個問我：「大哥、大哥，你們是犯什麼事，怎麼一個人關一間?」我心情很差，不想理他，但每次來倒茶水時，他又繼續追問，我火大乾脆跟他說：「我強姦宋美齡啦!」他一聽，嚇得丟下杯子跑了。

被捕時我太太在上班，大女兒由丈母娘帶，沒跟我在一起，所以當下家人不知道我被抓。當時三重被捕的同志有三人，除了我之外，還有宋景松和林輝強。

三人的家人打聽半天都不知我們的音訊，慌亂之餘也不能怎樣，後來只能放棄尋找。

有天正巧有個揹了個書包南部來的迷路中學生被安置跟我同房，我跟他要了紙筆，寫紙條跟我太太說：「我現在被抓到台北市警察總局，因為一些事情他們要問清楚，不用多久就可以回去了，不用擔心。」後來有機會碰到一個外役來押房送飯、倒茶水，我暗中請他幫我把紙條轉送到我家人手上，就在被捕後十一、二天，我的紙條幸運地送到家人手上。

家人知道後，到警察總局請求會面，但警察總局不允許。在警察總局總共待了十幾天，後被移送到青島東路軍法處，這時仍不允許通信與會面。一直到起訴後，太太才第一次允許跟我會面，距離我被逮捕已經兩、三個月了。

在警察總局，一開始是疲勞審問，譬如說口渴了，他們端一杯水來我面前說：「你口渴了，對吧？」接著讓我稍微喝一小口後，馬上把水拿走，想以此方法脅迫我就範。口渴不讓我喝水，還可忍受，但不讓我睡覺才是最痛苦的。他們也曾準備日本料理引誘我，希望我快點承認，但我哪有胃口吃。拖了三天三夜始終不讓我睡覺，但我還是不承認。

他們就拿其他人的口供給我看，聲稱某某人說了什麼，某某人又說了什麼。看了口供內容後，我只能硬扯說是他們挾怨報復。我說：「我們曾經同在一個皮革廠做事，後來我自己出來開皮革廠，因初次設廠經營，機械設備不足，部分牛皮運去請他們代工，而他們把代工的牛皮搞壞了，我要求他們賠償損失，他們因而對我懷恨在心，想陷害我。」之前確實曾發生這樣的事，我當時跟宋景松（皮革廠的師傅頭）與林輝強（皮革廠另一個股東的兒子，同時也是皮革廠工人）當下鬧得不愉快，皮革廠老闆娘（老闆的姨太太）怕我們當場打起來，趕緊來勸和。我這時提起這件往事，表示他們口供這麼寫是趁機報復。

我一直否認參加組織，情治單位無所不用其極地安撫我說：「你們這個罪名都是最輕的啦，快點講一講就可以回家了。你們同案的都承認了，就剩你不承認，你不承認也不行。」

有一次宋景松去廁所時，經過我的押房，跟我說，這是政治問題政治解決，招了就沒事了，關個二十幾天就可以出來了！我沒回覆他，只是心想：「哪有那麼簡單，出動二、三十人只為抓我一個人，我又不是什麼大人物。」我才不相信宋景松的說法，家中來了二、三十個人只為抓我一個人，怎麼可能隨便說一說就沒事了？所以自始至終我都不承認。

來家中抓我的，除情治單位外，還有管區警察、里長等等，而其中有兩個人把我壓在牆邊，其他人就開始搜索我的住處。搜到了皮革生意客戶名冊、黨外的傳單以及一些剪報等等，這些搜到的資料全部都先送到警察總局再送到青島東路警總軍法處。偵訊時，家中搜到的東西一一拿出來訊問。有一個說他也是台灣人，不會害我；另一個則說：「你再不講，就要用刑求的。」我都堅不承認，我說：「就算打死我，我也是跟你說我沒參加。」他們就拿從家裡搜到的剪報來說事，說：「你蒐集中華民國在聯合國席次可能不保，意圖何在？」我答：「我什麼都蒐集，像楊傳廣比賽得獎我也蒐集。」他們又說：「楊傳廣是你們台灣人！」他們就是一口咬定我是台獨份子。

被捕以前我沒聽過陳三興他們講「興台會」，也沒聽過關於台灣獨立的過程、組織和目標，「興台會」這個名詞還是被捕入獄以後才知道的。

庭審時，他們看我仍不肯承認，就拿了宋景松和林輝強的自白口供給我看，我看了他們的口供後仍狡辯說：「他們是曾幫我代工牛皮時，施工不當造成皮革損壞，我向他們要求賠償，他們因而挾怨報復。」後來我建議庭上請皮革廠老闆娘來出庭作證，老闆娘在法庭上竟然說：「他們以前曾是同事，且相處融洽、感情很好，見面都笑嘻嘻的。」我聽到老闆娘說詞的那一刻，就知道大勢已去，如此一來再也沒有承不承認的問題了。

七、青島東路警總軍法處看守所再到安坑看守所

我在青島東路軍法處看守所待了一年，直到一九六三年案件宣判。判決結果：宋景松死刑，施明德、陳三興兩人各處無期徒刑，蔡財源、陳三旺、董自得、蘇鎮和、郭哲雄五人各處十二年，劉金獅、吳俊輝、江炳興三人各處十年……。

宋景松之前在謝雪紅的案子裡，曾被捕二十幾天。所以我們事先約好，一旦被捕絕對不能招出任何口供，尤其不能招出任何其他人，要自己擔下來。哪知道他們一個晚上全都招供了，反倒是我撐了三天三夜還是堅持不招。

後來宋景松果然被判死刑。至於林輝強算是賺到。他原本該判十年，因為他爸爸幫他報户口時少報了六歲，他二十幾歲卻變成未成年，結果只判五年徒刑。

當時發生的案子非常多，大小案都有，有兩、三人一個案子的，也有自己

一個人一個案子的。在青島東路軍法處看守所，關押空間相當擁擠，一間房間關二十多人，光線昏暗，也不通風，整個房間只有角落一個木製馬桶，因為太過狹小，睡覺時囚犯間是頭和腳交錯排列著睡。比較晚進來的就坐在馬桶上方睡，那個位置是最糟糕的，因為只要有人要上廁所，他就得起來。我們被抓去的時候正是五、六月，天氣很熱，押房是日本時代的倉庫改建的，杉木建造的押房有許多裂縫，跳蚤非常多，大家都被咬得唉唉叫，只好在吃早餐時把稀飯和饅頭拌成糊狀，然後把裂縫填起來。但是跳蚤很厲害，裂縫堵住後，跳蚤會往上爬到沒堵住的縫隙再鑽出來，直接往下掉到人體身上吸血。

更沒人性的凌遲莫過於，夏天天氣酷熱，而每天只給大家一小臉盆的水，這一小臉盆的水是供給你一天，包括：洗臉、刷牙、洗澡、洗衣之用。到了冬天，天氣嚴寒，一個月僅給一次洗熱水澡的機會。但熱水是蒸汽桶剛煮沸的一百度熱水，所方吹哨子喊：「洗澡！」大家匆忙拿毛巾沾一百度熱水讓它散熱後勉強擦拭

2004年1月17日劉金獅出席回復名譽證書頒發典禮。

身體，然後趕緊抹上肥皂。正當大家抹完肥皂，等待滾燙的熱水降溫後，以便沖掉肥皂泡沫。所方卻故意吹哨子喊：「回去！」大家只好全身都是泡沫，濕濕黏黏地穿上衣服回押房，這種洗澡方式根本比沒洗還痛苦百倍，全身黏答答根本無法入睡。國民黨是用如此殘虐的手段對待政治犯，當時被關在那裡真的是痛不欲生。所以我才說施明德被關那麼久，遭到國民黨如此糟蹋，竟然在紅衫軍時還能和加害者國民黨合作，這根本不正常。

判決後有些人就被移送到新店安坑看守所（註：警總軍法處看守所分所，是警總向國防部借用一部分新店軍人監獄而成），青島東路軍法處看守所的人就比較少了。剛被送去安坑看守所的時候擠滿了人，大概有三、四百人之多，後來一部分人又被轉送至綠島監獄。

八、頓失倚靠的妻女

我被判十年，十年的時間實在太長了，所以我叫我太太改嫁，不要等我，但她不肯，一直等到我出獄。

入獄前我們已經有一個周歲的女兒，在安坑農場服外役時再生二女兒劉明玲，兒子是出獄後才生的。我服刑十年期間，太太在紡織廠日以繼夜的加班工作，靠微薄收入辛苦扶養兩個女兒。

二〇〇六年一月二十一日我太太中風成植物人，因不忍心送到養護中心，所以大都由我和外傭照料，每每看到她臥病在床，身體日漸虛弱的樣子，就會想起太太年輕時犧牲青春及健康，天天上大夜班熬夜賺錢撫養女兒。太太在我出獄後，也都默默在背後支持我從事政治活動，毫無怨言；反觀，我從來沒有好好地關心過她，現在覺得非常內疚、對不起她。（註：劉金獅太太：姓劉汪名智慧，生於一九三九年一月十四日，歿於二〇二三年三月二十日，享年八十四歲。中風成植物人後，歷經十七年劉金獅始終不離不棄。）

第四章 十年牢獄

一、青島東路警總軍法處看守所

(一) 陳智雄

台灣警備總司令部軍法處看守所，於一九四九年至一九九二年設立，原隸屬於台灣保安司令部（一九五八年整編改組為台灣警備總司令部）。初期設於今台北市青島東路三號（註：現為喜來登大飯店的周遭街廓）。一九六八年遷入今新北市新店區復興里復興路一三一號（舊址為台北縣新店鎮二十張路，新店秀朗橋旁，現為「白色恐怖景美紀念園區」暨「國家人權博物館」）。為區別於青島東路舊址，新址位於新店與台北市景美交界處，故另稱「景美看守所」。

在青島東路警備總司令部軍法處看守所時，印象最深刻的人物就是陳智雄。施明德的大哥住十四號房，我則住十五號房。陳智雄入獄後住進十四號房，施明德的大哥照例敲敲那木造的房舍，表示有新人到來。陳智雄當即就說：「我是陳智雄，屏東人，擔任廖文毅台灣共和國臨時政府的東南亞巡迴大使。我妹妹在冬山鄉廣興的白蓮寺當住持。」我這才想起年輕時代在廣興打白頭翁的那段回憶。放封時，陳智雄有提到他在印尼有子女。另外國民黨當局要修理他時，他叫妹妹把祖產賣一賣，拿去翻修白蓮寺。否則白蓮寺本來只是草厝而已。

他遭強行抓回台灣時，原本國民黨答應日本放他出來，但不能從事政治活動。陳智雄根本不把國民黨放在眼裡，釋放出獄後照樣從事政治活動，又遭國民黨逮捕入獄。再次入獄後，他已經隨時有心理準備。他在放封時遇到大家就說：「我這是時間問題，國民黨不可能留我的。大家要繼續自修充實，努力提昇自己，為台灣獨立建國做準備。我先去了，二十年後又是一條好漢！」他非常樂觀，腳鐐手銬根本無法束縛他的心靈，他在白蓮寺的妹妹會寄吃的東西到監牢給他，他每天照常吃、照常睡，神情輕鬆、氣色紅潤，完全超脫這一切。

一九六三年五月二十八日清晨五點左右，我們聽到隔壁房鎖匙開門的嘈雜聲，有人就喊：「來了！來了！要抓陳智雄。」他們想架走陳智雄，但陳智雄不讓他們架著，他堅持自己走，並用日語高喊：「台灣獨立萬歲！台灣獨立

2013年多個團體舉辦的「紀念台獨第一烈士陳智雄就義50年」記者會時，劉金獅與陳雅芳（陳智雄女兒）合影。

萬歲！」喊了兩聲就被他們摀住嘴巴痛毆。他們硬是把陳智雄架走到接見室，我們只見他們用棍棒惡狠狠地打在陳智雄的腿上，然後他就跌倒在地上。事後外役跟我們說，他們在接見室要求陳智雄跪下，陳智雄不願受此屈辱，於是被他們用棍棒打倒在地上後，他們就蜂擁而上壓住他，要取下他的腳鐐。陳智雄不屈從，他們就將陳智雄的十根腳趾頭用鐵鎚鎚碎。然後將他押往安坑刑場槍決。

（二）柯旗化

我原本規劃利用未來十年好好唸書，所以我希望將來到綠島去。剛好柯旗化就關在我的斜對面，於是我利用放封時跟他學英文，主要是學KK音標。回到押房我自己繼續唸，跟我同房的有一個中國人，據說他們是蔣介石精心挑選最優秀的三十人，蔣介石讓他們赴美深造兩年，結果他們回來後，全部被抓進監獄。當時他們被分開隔離，其中一個和我同房。他在柯旗化被送到綠島後，私下跟我說

柯旗化罹患疾病後，劉金獅等人前往高雄探視。左起劉金獅、吳鍾靈、柯旗化夫人、柯旗化、蘇鎮和、周彬文。

柯旗化的英文有日本腔，於是我就接受他的指正。後來我到安坑，他還在青島東路，因為他們的案子尚未結束。

我也認識了閻承宗。他是中國東北人，來台灣原本擔任味全農場的場長，後來味全派他去日本，回來後就被抓了。我們兩個就邊用日語、邊用北京話溝通，兩個人的感情還不錯。從青島東路移監至安坑時，剛好兩人也一起移過去。

（三）八德滅門血案嫌犯

八德案的嫌犯真的非常惡質。他們當時被判死刑，每一間押房都分配一個，我們那房也有一個。他們簡直就是土匪，被判死刑，戴著腳鐐，還非常囂張。當時鄭清田和我同房，他是屬於蘇東啓案，他們很多當時是陸軍一〇七四部隊，鄭清田也是。鄭清田當時二十幾歲，根本不把八德案的放在眼裡，有次起衝突，鄭清田想揍他，從此他才不敢再囂張。

後來這些八德案的獲判無罪，但沒有馬上出獄，於是去掉腳鐐改當外役。他們當外役時，非常可惡，為非作歹，欺負我們政治犯，後來遭到抗議，才把他們換掉。之後換一個張姓中學生和一個年紀較大的政治犯當外役。

（四）小政治犯

張姓中學生被判七年徒刑。他的案子多誇張呢！他住在大橋頭那裡，他爸爸是個老師，當時收音機很稀有，他趁他爸爸不在時，偷聽爸爸的收音機。於是轉到對岸的電台，裡面宣傳他們那邊有多好，然後說臭頭蔣是土匪。於是他就自己寫傳單，張貼在電線桿上，結果被情治單位抓住。他爸爸因此被判感化三年，他則被判七年。當時他小學畢業，正要唸中學。

在我們同時期，還有一個案子更誇張。有一對叔侄，他們當時二、三十歲，兩人大概差兩歲。他們是中國山東來的，叔叔被判十七年徒刑，侄兒被判五年徒刑。理由是在山東時，叔叔唸幼稚園大班，侄兒唸幼稚園小班，曾參加不法組織。那是他們幼稚園的事，結果到了二、三十歲還被清算，幼稚園小朋友哪知道什麼組織？

張姓中學生擔任外役時，就是他在接見室親眼目睹一個綽號「殺牛」（廣東梅縣人）的和另一個班長，用棍子惡狠狠地打在陳智雄的腿上，讓陳智雄跌倒在地，然後四、五個人就一擁而上，將陳智雄按倒在地上，再用鐵鎚把他的十根腳趾打碎，強行拔出腳鐐。他們就用繩索將陳智雄捆綁住，用拖的將他拖到卡車上，載往安坑刑場。那沿地和卡車上都是血。

我們還遇過六個來自中國的小朋友，他們剛國小畢業，從廈門跑到金門說要找他們父親，於是被抓來和我們關在一起。我和林永生就問：「你們來台灣做什麼？」他們回答：「找我們爸爸。」我們再問：「你們爸爸在做什麼？」他們說：「當土匪！」我們驚訝問：「怎麼會當土匪？他們什麼時候來？」他們說：「就跟蔣委員長一起來。」我們說：「跟蔣委員長一起來是當兵呀！」他們不約而同說：「對呀！我們那邊說當兵就是做土匪。」由此可知國民黨軍隊在中國形象有多差。

此外，監牢裡頭還真是無奇不有。有一個行船的被抓去槍斃前還高喊：「毛主席萬歲！」另有一個國民黨特務則是槍斃前還高喊：「蔣總統萬歲！」

二、安坑看守所（新店軍人監獄）

「國防部台灣軍人監獄」，前身為位於台北市青島東路的「國防部台北軍人監獄」（設立於一九四七年，爲台灣戰後第一座軍人監獄），當時和「保安司令部軍法處看守所」（一九四九年台灣戒嚴，成立台灣省保安司令部軍法處）、「國防部軍法局看守所」（一九五〇年撤退來台的國防部，特別設立軍法局）三監緊鄰，由日治時代陸軍倉庫改建而成。一九五〇年代白色恐怖大逮捕後，台北軍監空間不敷使用，於一九五二年改遷至今新北市新店區莒光路四十二號（舊址爲新店鎮敬義路一九七七號），改名為「國防部台灣軍人監獄」，與槍決人犯的「安坑刑場」僅隔一個山丘。一九七三年改名為「國防部新店監獄」（又稱新店軍人監獄）。

一九六三年至一九六八年我在安坑看守所，這是警總軍法處向新店軍人監獄借用的部分房舍，所以我們隔壁就是軍監。

(二) 鹿窟事件受刑人

初到安坑時受刑人很多，所以擔任外役的自然也不少，包括有彩繪蛋殼、洗衣燙衣、裁縫、洗砂石、工程隊以及農場等等。農場一開始有九個外役，四人種蕃薯、四人養豬，另一個人負責到青島東路去載運廚餘。碰巧有兩個農場種蕃薯的外役被調到綠島，於是獄方就問我們有誰會種蕃薯。我當時想閻承宗既然是農業系的教授，蕃薯是最容易種的農作物，他自然會種。於是就說：「閻先生會種！」獄方又問：「還有誰會種？」未料閻承宗卻說：「劉金獅也會！」唉呀，我早就跟閻承宗說我要去綠島，沒想到他卻推薦我。可能他覺得我們兩個人熟，在一起比較有伴。

安坑農場的外役比起其他外役當然是更自由，如果希望自由，那農場真的是好缺。不過我那時一心想讀書進修，所以希望到綠島去。在安坑當然也可以唸書，不過因為在台北，終究有很多事情會干擾。一旦到綠島，與外界隔絕，就能夠死心去唸書。

農場四個種蕃薯和四個養豬的外役中，除了我和閻承宗外，都是鹿窟事件受刑人。他們為人老實，對政治沒什麼概念。我和其中一、兩個比較有話聊。我說我小時候生活多困苦，他們說他們鹿窟更苦。在山坡上開墾一小塊、一小塊農地，然後土壤又貧瘠，種稻米根本自己吃都不夠，所以只能種蕃薯。取水也很困難，要用竹管從山上引水下來。後來那四個養豬的先行出獄，出獄前他們非常高興，將公文放在口袋裡，然後拿過來給我們看。他們雖然不識字，但知道公文的意思，拿來給我們看，一方面是開心，另一方面也請我們講公文裡寫什麼。至於那兩個種蕃薯的，後來被調離，調到哪邊去，我就不知道了。我出獄後，經過多年以後，有人介紹我聯絡上其中一個種蕃薯的，他叫林鶴生，大我兩歲，當時住桃園，後來他得了老年痴呆症後，就失去聯絡了。

我們剛到安坑時，恰巧是新正年頭，當時蕃薯已經落葉，只剩乾癟的蕃薯藤。我們將蕃薯藤清理乾淨後，接著要鬆土，結果那山上的泥土硬到根本無法挖開。我們就去問農場附近的農民，有沒有其他工具可以借我們。農民說：「這用人工沒用的，這要用牛來犁田。」我說：「那拜託你了，多少錢我們再給你。」農民說：「不用啦！你們以前也都是我們幫你們犁田的。」於是農民就幫我們犁田，還說如果是要種蕃薯，要把菜股犁成尖的；如果是要種蕃薯葉，則是把菜股犁成平的。農民幫我們犁完田後，還提供幼苗給我們，非常的熱心又客氣。他們不把我們政治犯當犯人，只說我們「頭殼壞掉」。

接著我們四個就開始種蕃薯，我和其他兩個台灣人，就算沒種過蕃薯，也看過人家種蕃薯。於是我們就讓蕃薯藤在地面上自己去爬。闔承宗沒有經驗，他則是豎起杆子，讓蕃薯藤去爬杆子。過了十幾天，我們的蕃薯已經爬到四週又長新芽，但閻承宗的卻還是一小截。又過了一、兩個月，我們的蕃薯藤已經爬滿了，閻承宗的卻還是一樣。班長來看後，就問：「這一塊地是誰種的？」我們回答：「閻先生。」班長說：「你這個農業教授怎麼種成這樣？」於是閻承宗才改用我們的種植方法。

在我們到安坑之前，負責農場的主要是鹿窟事件受刑人。他們體力非常好，非常刻苦耐勞，他們就去附近農家挑豬糞、人糞來為蕃薯施肥。我們到安坑後，附近農民跟我們說：「這哪需要那麼辛苦，去買尿素便宜又好用。你們準備一下水，然後加一杓尿素，不要加太多，否則蕃薯會枯死。」我們於是改去買尿素，果然不僅便宜省事，而且蕃薯長得更茂盛。

鹿窟事件受刑人陸續離開後，只剩我和閻承宗，後來閻承宗也出獄了。蔡金鏗一度來種蕃薯，後來蔡金鏗和其他一批人被調到隔壁軍人監獄，就只剩我一人同時負責種蕃薯和養豬，於是我想辦法讓李吉村也來到農場當外役。

閻承宗為人老實，有次我們照例穿好西裝去新店搭火車，不巧在火車裡竟然遇見看守所所長。我就偷偷跟閻承宗使個眼色，但他沒意會過來，於是所長看見我們就問說：「你們穿這樣要幹嘛呢？」閻承宗竟直接低聲回答：「回家看看。」唉，他如果不曉得要怎麼回答，乾脆安靜就好了。

我們和農民相處得很好，所以都把衣服寄放在農民家裡，需要時再去更衣。蔡金鏗他家在艋舺，我家在三重。當時新店有火車到艋舺，但是沒有到三重，要到三重還得再轉車。

雖然在農場擔任外役較自由，但也不是隨時可以跑回家。有一次，因為葡萄架遭颱風吹壞，班長要我和蔡金鏗去砍木頭回來修理。我們藉口去山上砍木頭下來，然後偷偷溜回家。我們約好傍晚五點再作伙扛木頭回農場。班長看我們這麼久才回來，氣得罵我們說：「這外面到處都是樹木，你們砍一根木頭要花一整天？」我答：「這外面的樹木都是有主人的，你有本事自己去砍呀？我要爬到那山頂看不見的地方，找到無主人的，我才能砍。」他說：「以後你不用去砍了！」我答：「你以為我喜歡去呀！爬山爬這麼久，我才不想再去呢！」

事實上，我們出門時就去跟農場旁的老百姓各要了一根木頭。因為我們和他們交情好，我們去跟他們要，他們會給。至於這些職業軍人，老百姓打從心底瞧不起，怎麼可能會給他們？所以我才有底氣跟班長說：「有本事，你自己去要！」

我們受刑人所養的豬，自己是沒機會吃的，都是由那些職業軍人在享用。每年的三大節日（春節、端午、中秋），都殺二十多頭豬，豬肉按照階級來分配，我們坐牢的當然分不到。因為豬肉是用鹹草綁，以每幾斤需要幾塊去分，階級愈高，分到的豬肉斤數愈重。負責剁豬肉的人說：「你們只要跟我說幾斤的豬肉要幾塊，我就照你們準備的鹹草數量剁完為止。」例如：三斤的豬肉要一百塊，就準備一百條鹹草，當鹹草用完，也就剁好一百塊三斤的豬肉。於是我跟蔡金鏗說：

「我們在每一種重量的豬肉堆裡多放十到二十條鹹草。」所以三斤的豬肉要剁一百塊，照理說要給他一百條鹹草，我們就放了一百二十條鹹草。多出來的二十塊豬肉，就由我和蔡金鏗私下均分。我們有些留在養豬場醃起來，有些送給那些平時幫忙我們的農民，其他的就借農民的腳踏車載回家。當我騎著腳踏車帶著豬肉回到三重時，我太太嚇了一大跳。他怕我出事，勸我不要再做這種事，所以我帶回去三次後就沒再帶了。那些職業軍人也曾覺得每人分到的豬肉重量變輕了，但也不知原因為何，就說下次多殺幾頭豬好了。

我坐牢時，太太雖然住在娘家，但上班時間非常長，當時是兩班制，還不是三班制，回到家又要照顧大女兒，而我卻無法幫上忙。我只能想盡辦法，在獄中跟那些職業軍人廉價收購他們不要的東西，然後轉賣，勉強掙點錢，或是偷偷帶豬肉回家。

（二）劉子英

在安坑做外役，剛開始時白天在外面工作，晚上就回到押房睡覺。一九六〇年中國民主黨組黨事件誣陷雷震的劉子英，就住在我隔壁。後來因為農場外役調離或者出獄，有空房我才能在農場睡覺。

劉子英為人客氣，他在那邊有薪水又可以自由進出去新店街上買東西，根本不大像坐牢。這是警備總部要他誣陷雷震得到的待遇，他對他的案情守口如瓶。他當時對我很好，每次請我吃豬肝湯時，我就覺得非常高興，因為在獄中難得能吃到這麼美味的食物。他字寫得非常漂亮，曾經用油漆書寫一些話在兩塊木牌上，讓我送給我太太，那兩塊木牌用油漆漆過，很漂亮，我現在還保留著。他一個人在那邊確實很無聊，平常大多一個人過生活，在那邊彩繪蛋殼，我有空就會去找他聊天。

當時有個叫大同的年輕人，去找他，他也請大同吃豬肝。沒想到他在裡面煮東西，一出來竟發現整碗公的豬肝都被大同吃光了。大同就邊盛飯、邊盛豬肝，一下子就全吃光了。劉子英一看都傻眼了！大同的家教跟一般人真的不一樣。

大同其實是軍法處看守所所長的兒子，和幾位國大代表的兒子去搶劫新店溪露營的學生。由於那些國大代表有權有勢，所以他們的兒子都沒事。至於軍法處看守所所長，則將大同弄到軍法處看守所安坑分所避禍。參與搶劫的還包括安坑分所前所長的兒子，前所長官位小又已退休，在安坑分所開雜貨店，他兒子則被判了兩年。他告訴我：「你知道這社會有多黑暗！那些國大代表的兒子們竟然都沒事，我們這種沒背景的就要判兩年！」我回答說：「如果社會不黑暗，我為何會被關在這裡？」

大同時常和我們去新店溪抓魚，但家教不好，常常做一些令人搖頭的事情。有一次隔壁軍人監獄的獄囚要他買酒，他幫忙買一次之後，下一次將人家的錢私吞後，就避不見面了。

安坑看守所所長人不錯。他當時未婚，在新店大崎腳認識一個撞球場的小姐，他經常要我幫他送東西給那小姐。我跟他說：「我每次出去，憲兵就問東問西，很囉嗦！」於是他就叫劉子英幫我寫一張通行證。劉子英的字寫得很工整又漂亮，像是印上去的。上面一邊寫「工作場所：農場」，另一邊則寫「台灣警備總司令部」，然後再蓋上官印。於是我就這樣穿著西裝自由出入，當時憲兵也不曉得我是做什麼的，看到我還跟我敬禮。

有時候我也會拿這通行證去新店街上的三家電影院看電影。當時星期四是軍人免費電影，其他幾天則是軍人憑證件半價。有次我和蔡金鏗去看電影，我就拿起通行證，只露出台灣警備總司令部字樣，就買半票進去了。接著我把通行證從樓上丟下來給蔡金鏗，我事先就交代他要把農場字樣遮住，結果他沒照做，剪票小姐有所狐疑，這時一旁的憲兵過來看，結果蔡金鏗嚇得拔腿就跑，幸好憲兵沒

劉金獅（右一）與林輝強（右二）、張啓堂（右三）也曾跑去碧潭街上看電影，還在碧潭橋旁拍照留念。

有追上來。由於擔心蔡金鏗被抓住，我當場趕緊出來察看情況，電影也就沒看了。

此外，我跟張啟堂、林輝強三個人也曾跑去碧潭街上看電影，還在碧潭橋旁拍照留念。

(三) 挾帶禁書

在安坑時，我常藉著外役之便，去外面購買書籍、雜誌回來給大家看。有次輔導官懷疑我買禁書，就斥責我說：「你不要以為你關十年已經夠久了，我可以讓你關得更久。」他要我交出禁書，我說：「我又沒買。」他想搜查房間，我答：「你去搜查呀！」於是他搜查出《冰點》小說。他說：「這不是嗎？」我說：「你說的是禁書，《冰點》又不是禁書。」

有幾次那些班長都被我耍了，輔導官很氣，就集合那些班長和我在一起訓話，然後說：「你不要以為我們這些班長笨，容易欺騙，我們優秀的班長可是在部隊裡，不在這裡。」我說：「我們這些班長都很優秀，我怎麼會認為他們不優秀。」他就跟那些班長說：「聽清楚，你們以後絕對不准跟劉金獅講話！」有個班長問：「不能跟他講話，我們要怎麼叫他做事情？」他才說：「要他做事情當然是可以，但不能和他閒聊。」他在我面前直接說那些班長素質很差，很不給他們面子。他誇口說他們部隊裡的班長素質多高，我是懶得理他，我也服過兵役，軍隊裡頭那些班長的素質怎樣，我怎麼會不知道。

不過那些班長私下還是經常找我，有個班長還特別喜歡用台語叫我：「生意人、生意人！」

(四) 監獄官想做生意

有次監獄官想做生意，就問我和蔡金鏗有何賺錢方法。蔡金鏗提出養雞方案，我則提到魚肚皮生意。

蔡金鏗的方法我覺得可行。他說：「這山上滿山遍野是芒草，我們把它割下來埋在泥土裡，泥土裡就會孳生白蟻，我們再讓雞隻去吃白蟻，這是不用本錢的生意。」監獄官聽後就自己去買小雞，並沒有假手蔡金鏗。結果碰巧遇到寒流來襲，監獄官根本沒經驗，小雞全都冷死了。於是他轉而找我要做魚肚皮生意。

魚肚皮的技術，我已經研發出來了。但我怎麼可能讓他知道，於是就假裝還在研發。我說：「我入獄前正在研發魚肚皮生意，快研發出來了。」他問：「這魚肚皮要去哪邊買？」我答：「基隆或南方澳。」他就說：「你去基隆買。」我說：「基隆我人生地不熟，怎麼買？」於是他讓我回南方澳買。

他派了一個班長和我到南方澳，叮嚀說當天就要回去。我和那班長到台北新公園後，我說：「我要先去買原料，你要跟我去，還是在這裡等？」班長當然選擇在那邊等。我於是買了酒和一些小吃讓他在那邊納涼，其實我是跑去跟坐牢前的兩個客戶收款。一個客戶跟我說：「你不提早說，臨時我去哪邊變出錢給你？」這個客戶我只好以後找機會再來。另一個客戶跟我說：「你出獄了！」我答：「對呀！他們找我去問話，沒什麼事就讓我出來了。」於是他把款項交給我。

之後我和那班長回到南方澳找我大哥他們，我二哥、三哥就請班長喝酒，班長喜歡喝酒又喜歡吹牛，說什麼他會好好照顧我。趁著他們喝酒時，我跑去羅東找結拜兄弟。

等夜色晚了，我跟班長說該回去了。班長說：「沒關係，今晚就住這裡，明早再回去。」於是晚上就住在我大哥家。

隔天一早，就帶著魚肚皮、原料以及我兄長送的漁獲搭車回去。到車站時，監獄官已經在那邊等候多時，他怕我們出什麼事，他要擔責任，一整夜都不敢睡覺。

碰面時，我就拿魚肚皮給他看，他就問為何沒當晚回去。我答：「這是班長決定的，你要問班長。」監獄官當下問班長：「你們昨天晚上住哪裡？」班長就說住我大哥家。監獄官於是要班長把錢退還給他，班長說：「我們雖然沒有住旅社，但住人家家裡不用給點錢意思一下嗎？」一方面因為我們隔天才回來，監獄官已經一肚子火，再加上金錢糾紛，兩人就當場打起來。後來監獄官遭那班長用東西擊中，於是報告所長，所長就將班長送到青島東路看守所關起來，準備送到綠島去。班長認識很多特種行業的女人，於是就聯絡特種行業女人去找他，趁著特種行業女人去看守所找他時偷偷溜走了，之後我就不曉得了。

(五)鑽井

安坑的洗衣廠需要大量的地下水，原本的井水不敷使用。於是就透過我去找鑽井的廠商。廠商就去買了義美禮盒外加彩券送給所長和副所長，然後就來參加投標。他寫了三家廠商，但其實只有他那家是真的。後來他就得標了。

於是他在安坑農場挖井，沒想到挖一挖遇到巨大堅硬的岩石，這很難繼續挖下去怎麼辦。於是就請我在看守所裡介紹工程專家來看。我介紹了和陳智雄同案的蕭坤旺來看，他在附近考察了一番後，發現更靠山邊岩石愈大愈硬，就說沒辦法。由於當初和約是寫每分鐘要出多少加侖的水，又沒說要連續出水，所以所長只好就這樣將就使用。

後來隔壁的軍人監獄也來找我說他們想鑽井，想請專家幫他們勘查。我說：「當然可以，但蕭坤旺在獄中，你要請所長批准。」所長批准後，蕭坤旺其實之前已經勘查過了，他再看一次也是一樣。他跟軍人監獄說：「這邊岩石都太硬，我沒儀器能做地質測量，你們要去找台灣大學或國防部，他們才有專業的儀器。」

（六）目睹槍決

安坑刑場和新店軍人監獄只隔一段小山丘。安坑刑場是白色恐怖時期的刑場之一，位在安坑靠山區的第三公墓，和鄰溪的馬場町刑場、水源路刑場等屬於沿新店溪流域的刑場不同。

安坑刑場最遲於一九五四年二月正式啟用，直到一九八八年左右才開始由司法監獄取代其功能，設置時間長達三十多年。

安坑刑場呈現ㄇ字型。原本是一個山坡，他們將山坡挖空後，變成前方和左右都是山壁。槍決時，囚車從右方進去，放下囚犯槍決後，囚車再由左方離開。泰源事件五烈士就是在此就義。

當時大同公司有位股東，因案判刑在安坑服外役。他一大早三、四點或者四、五點就會起來到處運動。有一次他經過安坑刑場，看到槍決的告示，來跟我說，我們於是相約一起去看。我們躲在附近樹旁，兩輛車分別開進來。原來是一對夫妻，下車後兩人已經神思恍惚，在刑場上根本已經站立不穩、無法言語，兩個人就這樣晃來晃去，始終無法碰到對方。槍決時間一到，兩人被四名士兵押下，槍響後就此斷氣。當下我們兩人突然感到全身發涼，極度噁心不適，從此不會再想去看。

（七）軍監探監

蔡金鏗他們整批幾十個人被移往隔壁的軍人監獄後，裡面的資訊更加封閉，有一個山東省籍的受刑人就透過那邊的外役，拿紙條來農場，指名要給我。我看了紙條，上面寫著由於軍人監獄訊息封閉，不知道國際局勢如何，希望我去探監告知他。於是我就到外頭買了牛肉以及其他食品，然後再去跟一個歐巴桑買一隻雞，請她幫忙煮熟。由於我沒有身分證無法探監，於是就拜託那個歐巴桑帶著身分證跟我去。到裡面後，我把準備好的五份吃的分別送給裡面的難友。我跟山東籍的難友說：「現在國際局勢對我們非常有利，美國非常關心台灣的情況，說不定我們會有特赦或什麼的。」其實當時國際局勢還是一樣，我這麼說只是為了安慰他。我和這個山東籍難友在青島東路時同房，到安坑後他也是外役，負責彩繪貝殼，所以在看守所裡經常會聊天。

（八）李吉村

蔡金鏗和其他一批人被調到隔壁軍人監獄後，就只剩我一人負責農場，於是我想辦法讓李吉村也來到農場當外役。當時青島東路的看守所未拆，我就從新店安坑大老遠到青島東路運廚餘回去養豬，偶爾李吉村也會和我一起去。

李吉村在醫務室當外役時，每回她太太來台北，都是住在新店的旅社，他再想辦法去旅社跟太太團圓。為了方便他們夫妻團聚，我就跟獄方說農場的豬隻也需要打預防針，請讓李吉村來幫忙。於是他也變成農場外役，跟我一起住在豬舍養豬。李吉村非常高興，所以跟我無所不談。不過他講的話中，哪些是真的，哪些是假的，這實在是大問題。原本醫務室有一個真正的醫師，後來他被調走後，換上李吉村。李吉村其實不是醫生，入獄時他只是藥劑生，出獄後他竟然能夠行醫，所以人家就說：「李吉村坐牢賺到一張醫師執照。」這在受刑人中是相當罕見的待遇。像我出獄後，非但不能自己開公司，連要找份工作都處處遭到情治單位刁難。

後來我去農場邊山上的老百姓家幫他租一間房間，平常他跟我住豬舍，他太太來時他們就一起住在那。李吉村就這樣在坐監期間又生了兩個孩子。

有次中秋節，他太太來跟他團聚，他們照例就住在農場邊山上的老百姓家那間房間。當時我正在豬舍，突然副所長來到豬舍，問：「還有一個人呢？」我答：「在農場忙。」。副所長說外面的百姓說，我們外役有人在外頭跟老百姓幹架，他想知道怎麼回事。當時外役人員並不少，政治犯監獄有外役，一旁的軍人監獄同樣有外役。政治犯監獄外役，除了我和李吉村養豬外，還有蓋房子的工程隊、在新店溪洗石子沙子的外役等等。

我深怕李吉村和他太太住在百姓家的事，被副所長發現，於是趕緊從豬舍往山上跑到老百姓家，氣喘吁吁告訴李吉村。他才趕緊回到豬舍，副所長問他：「你在幹什麼？」他答：「澆水。」結果副所長當下將我和李吉村都調離農場外役，我到洗衣廠，他則回到醫務室。至於到底誰在外頭跟老百姓幹架？詳情又是怎回事？我完全不曉得。

三、景美看守所（警總軍法處看守所新址）

台灣警備總司令部軍法處看守所，於一九四九年至一九九二年設立，原隸屬於台灣保安司令部（一九五八年整編改組爲台灣警備總司令部）。初期設於今台北市青島東路三號（現爲喜來登大飯店的周遭街廓），於一九六八年遷入今新北市新店區復興里復興路一三一號（舊址爲台北縣新店鎮二十張路，新店秀朗橋旁，現爲「白色恐怖景美紀念園區」暨「國家人權博物館」）。為區別於青島東路舊址，新址位於新店與台北市景美交界處，故另稱「景美看守所」，為警備總部轄下軍法處用地。此區為戒嚴時期軍事、政治、治安案件審訊、羈押的場所，許多政治受難者在此遭到判刑，於此區代監執行或短暫羈押後轉送至綠島或台東泰源監獄。

一九六八年，警總軍法處及國防部軍法局所屬單位和看守所進駐時，西側由警總軍法處使用，東側則由國防部軍法局使用。

我從農場外役調進洗衣工廠幾個月後，安坑看守所結束，一九六八年所有政治犯移至新完工的景美看守所。其實景美看守所完工後，安坑這邊就要歸還軍方，政治犯們早就有心理準備要轉移至景美。所以即使當初沒有發生受刑人和老百姓幹架的事，我也知道不可能長期待在農場外役了。試想，如果你都已經知道將要離開安坑了，你會去設計陷害獄友，只為了自己在農場外役多待幾個月？別人會怎麼做，我不曉得。但這不是我劉金獅做事的風格。

(一) 泰源事件

一九七〇年二月八日泰源事件爆發，五月鄭金河、陳良、詹天增、謝東榮、江炳興等五人被判處死刑，而於五月三十日遭槍決，這就是「泰源五烈士」。至於鄭正成，則因其他五人都說他是被他們所綁架，而判刑十五年六個月。六位難友被送到安坑看守所，景美看守所中有一個叫黃福沙的福建廈門人，他得到消息，便把消息傳出來，後來整個看守所內的外役都知道這個事情。黃福沙知道我和江炳興是同案的，所以泰源事件的消息他第一個先告訴我。所方知道這個消息是黃福沙傳出去的，很生氣，就把黃福沙送到安坑看守所和六位難友關在一起。

江炳興與我同案，是屬於台中吳俊輝系統。他們判決後，移到安坑看守所時，我們才認識，他跟我很要好。當時有一位難友叫陳賢德，他是花蓮玉里的原住民，入獄前擔任老師。他在安坑組織音樂團，大家學音樂。我會樂器就是在安坑看守所時陳賢德教我的，他教我演奏大提琴跟吉他，有空時我也跟江炳興學彈吉他。後來江炳興要調去台東泰源監獄時，就把他的吉他留給我，我把吉他放在獄房寢室門邊。結果有次政戰官開門時，將其撞倒並踩壞，這讓我很心疼。

泰源事件爆發後，有人跟我說江炳興也參與了，我說怎麼可能。我實在無法相信他會參與。因為當初在安坑時，有一次警衛連的排長來我農場的豬舍洗熱水澡，他就問我為何入獄，我跟他說台灣獨立聯盟案，他說他沒聽過，不過蘇東啓案他倒是聽過。他自我吹噓說，要是他來帶領，登高一呼就萬人響應了。我於是告訴江炳興說：「我們來找他帶頭跟國民黨拚一下如何?」江炳興不以為然說：「不可能，真正了解到台灣要獨立的人還太少，就我們幾個人根本無法成大事，國民黨的軍力太強了，不只他們中國人，就連台灣人也很多為他們效命，所以我們不可能輕易就成功。」

(二)四二四事件

到了景美後，外役工作少了很多。沒有農場、沒有工程隊，景美的外役就只有彩繪蛋殼和洗衣。我繼續在洗衣工廠，負責燙衣服。原先燙粗布衣服，接著改燙毛料，再接著是燙女裝。我燙衣服不只燙得平整，而且速度還很快。燙衣服有分卡其組、襯衫組、女裝組和毛料組，我後來擔任毛料組長。洗衣工廠也會承接外面機關的業務，洗的衣物包括：公路局的制服、郵局的制服等等，甚至連郵局厚重的帆布郵袋，我們也洗。當時開卡車去載衣服的司機，知道我之前在安坑待過農場，就找我和他一起去收衣物回來洗。有時候我會趁機買一些酒，塞在郵局帆布袋旁，然後挾帶進來給獄友。司機當然也知道，不過他就裝作沒看見。

因為外役出入較自由，所以我會從外面偷偷挾帶雜誌進來。在景美時，吳俊輝要我去美軍顧問團買Newsweek，因為他東吳大學畢業，看得懂英文。有一次我照例將Newsweek撕成兩半，然後藏在雨鞋裡偷偷帶進來給吳俊輝，他打開一看，放在地上偷偷跟我說：「咱們留學生真厲害，在美國紐約行刺蔣經國。」因為吳俊輝的告知，我才知道四二四事件。吳俊輝跟我同案，不過他們是遭調查局逮捕，被捕後他曾和彭明敏教授關在一起，彭教授稱讚他是優秀的青年。

有一次當我和司機去到大崎腳的郵局時，我去裡面拿郵袋，司機趁機跑去摸魚。當我和郵局承辦人員談好事情出來時，發現司機不見了。這時剛好換另一輛卡車要來載郵袋，但我們的卡車擋在那邊怎麼辦，另一輛卡車司機急了，但就是找不到他。另一輛卡車司機以為我不會開卡車，就跟我賭說：「你如果能開走，我就送你兩條菸。」然後，我真的就把卡車開出來了。他不曉得我服兵役時，就開過軍用大卡車。

衣服收進來先由登檢處登記，然後送給洗衣處，再給曬衣處曬完後，才轉給我們燙衣處。那時候的衣服質料大多數是尼龍，很容易燙壞，監獄官規定燙壞衣服要賠錢，我們一個月的勞作金才七、八十塊而已，毀壞一件西裝的話要賠一、兩百塊。陳賢德第一次將衣服燙壞時乖乖賠了錢，第二次不小心又燙壞了，交由我處理，因為我是毛料組的組長，我乾脆把衣服塞進鍋爐裡燒掉。過幾天後收衣處找不到衣服，便找上登檢處，登檢處的人也找不到那件衣服，就去找廠長，廠長派人把每個角落都搜遍了，仍然找不到。廠長大發脾氣說：「肯定是那些班長拿去送給外面的風塵女子了！」我聽了覺得好笑，也告訴陳賢德，後來廠長命令下來，以後如果看到班長偷拿衣服要向他報告。這些都要感謝當時負責鍋爐的卓姓難友掩護，我在毛料組的那段時間，算一算因燙壞而被我燒掉的衣服大概有十幾件。燙壞衣服必須原價賠償的規定太不合理了，扣點錢警告就算了，還要照原價全賠，全世界哪有這樣剝削囚犯的。

(三) 自尋死路的上訴

在青島東路軍法處看守所時，有個跟我關在一起的前調查局人員被判死刑，跟我同房。那調查局特務斬釘截鐵說：「上訴絕對沒有用，只會更慘。」

果然我們斜對面的押房關一個前農林廳吳姓副廳長，農林當時油水很多，他沒有結婚，但有兩個女朋友。他原本被判十年徒刑，兩個女朋友各找兩個律師，總共四個律師幫他上訴，結果改判十五年。他不服，又上訴，結果變無期徒刑。無期徒刑就變成由檢察官進行職權上訴，上訴、不上訴，由不得他。職權上訴結果，再改判死刑。他不服，提起非常上訴，非常上訴期間，死刑執行令就先下來了！當清晨四、五點來押房要帶他去刑場時，他整個人都癱軟了，腦袋恍神，魂魄已失，雙手要拿東西，拿了半天也不知道要拿什麼？我們這些旁觀者看得都心頭瞬時冷凍。

另一個和我同時在景美看守所擔任外役負責燙衣服的難友，則是原本判五年徒刑。他的同案難友多數被槍決，其他則是判處五年或十年徒刑。當時大家勸他不要上訴，因為這是政治問題，不是法律問題。但他自認無罪，堅持提出上訴。上訴後改判十年；再上訴，又改判十五年；又再上訴，結果判了死刑。當時他正巧和我在燙衣服，當下聽到判死刑整個人都恍神了，馬上被關進押房，我和他就沒再見面了，什麼時候被槍斃，我也無法知道。

他們這種中國式想怎麼判，就怎麼判。就算刑期到期，也可以藉故說你思想有問題，繼續關押。所以安坑那個輔導長才會說：「劉金獅你不要以為你關十年，我讓你再多關十年。」

第五章 出獄後重新創業

我於一九七二年五月十四日出獄。

一、特務阻撓難找工作

出獄後，因為政治犯不能服公職，也不能擔任企業負責人，所以只好去找燙衣服的工作做。老闆娘看到我燙得既平又快，中午時非常開心地告訴老闆。她還問我：「你之前是在哪家工作，怎麼這麼厲害？」我當下笑笑面對她說：「不在我們這裡，離這很遠啦！」老闆娘見我無意多說，也就不好繼續問下去。到了晚上，老闆娘卻憂心忡忡跟我說：「你到底犯了什麼罪，為何治安單位說不能雇用你？」我心想，這些情治爪牙動作可真快，就是要把我逼到無路可走。於是就辭別老闆娘了。

第一份工作，就只做了一天。老闆娘雖然稱讚我一天的工作量，就抵得上前一個師傅好幾天，但在情治單位的壓力下，終究不敢用我。隔了幾天，我又找第二份燙衣服的工作。這個老闆似乎知道什麼，但沒有明說。我工作兩天後，當時薪資一個月是三千元，他數了好幾千塊給我，表示無法再雇用我。我知道他的難處，將錢退還給他後，就離職了。

接著一個月，我過著沒有工作、漫無目的的生活。一早出門來到台北市的新公園（今二二八公園），買了早餐和報紙後，就在公園裡找個涼爽的地方消磨時間。中午一樣在那邊買個饅頭吃。口渴時就飲用自來水。

一個月後我覺得不能繼續這樣，不能一直依靠老婆養家和養我，只好去找以

劉金獅伉儷合影。

前認識的經營皮革工廠的朋友，他正好缺人手，於是我就去他那邊做牛皮。情治單位當然照常給他壓力，他則不當一回事，回說：「劉先生入獄前，我們就認識，這跟政治沒關係。」

由於做牛皮會臭，那時隨著生活環境改善，願意做牛皮的師傅變少，牛皮的工作真的做不完。我當時一心只想著趕緊賺錢養家，所以基本上沒在放假，就連晚上也加班。

二、重開皮革工廠

經過一年後，我想自己來創業。於是跟我爸爸借了幾萬塊，然後自己創業經營皮革工廠。當時我自己是做成半成品賣給人家。正當生意忙得不可開交的時候，高雄發生美麗島事件。施明德請我找一些人南下幫忙，我那時候自己都走不開，怎麼可能找朋友南下。

出獄時，因為沒有資金，所以只能做半成品趕快賣，才能清償購買牛皮原料的錢。

入獄前牛皮需求還沒那麼大，出獄後隨著生活水準提昇，牛皮的需求變得暢旺。再說，牛皮畢竟還是仰賴勞力。機器只是用在切割牛皮，出獄後的機器確實更加精細，牛皮更不會被切壞；但切割後的其他製作過程，在在仰賴勞力。生活水準的提昇，一方面讓牛皮需求興旺，另一方面也讓一般人更不願做這種又臭又累的工作。因此牛皮利潤更加可觀，可惜我沒有資金，否則一定大賺。

我入獄前，原本冀望經由魚皮發財致富。無奈，技術研發出來，都尚未賺錢，就突然被捕。

這十年期間，不要說魚皮生意可以大發利市；即使只做牛皮，也可累積可觀資金大展身手。可惜這十年我完全缺席了。

當時台灣本地的牛隻愈來愈不夠用，主要都是仰賴國外進口。當初雙北、桃園加起來，一天大概只有七、八百頭牛。何況隨著農村耕耘機愈來愈普遍後，水牛該賣的也賣的差不多了。

和水牛相較，一般人都進口黃牛，因為肉好吃、皮好用。水牛一般不是食用的，當然如果需要的皮是比較堅韌的，譬如鼓皮，還是需要用水牛。

由於一邊做牛皮生意，一邊從事民主運動，讓我在生意上無法盡情發揮。因為「做三天、休息四天」，不只沒辦法搶到好的牛皮，同樣也無法搶到好的客戶。

客戶要我準時交貨，不過參與民主運動要做的事情，瞬息萬變，常常會耽擱交貨，好的客戶自然就不放心把訂單交給我。

三、豆漿店幫忙

我大女兒商職畢業後，找各種工作，始終做沒多久就換工作。後來她和同學一起開冰果室，就只兩天就覺得沒生意，做不下去。我說：「生意哪有那麼好做的？」她們改做永和豆漿。豆漿店生意很好，但不久她同學嫁人後退出，於是我大女兒也不想繼續做下去。我太太已經從紡織廠退休，她覺得生意這麼好，不做可惜；聘請他人又不放心，於是自己接手。

太太於一九七八年左右接手頂下大女兒和她同學合夥的早餐店並擴大經營項目。如果買成品來賣，品項少、利潤也小，我們就直接買原料自己做成成品，那利潤就很可觀了。

我看我太太淩晨兩、三點就起來忙，一直忙到下午兩、三點才有空吃午餐，真的於心不忍。另一方面，皮革生意因韓國的競爭已沒什麼利潤，所以就漸漸收起來，在早餐店幫忙。早餐生意一直經營到一九九四年，因早餐店需改建才停止營業，後續改建好後就一直將店面出租。

四、其他投資

家裡的經濟來源主要是靠早餐店收入。我也有做一些其他的生意投資，例如：投資林永生的珊瑚店，和鄭清田合夥開車床工廠，也經營溪北有線電台等等，但都沒獲利。

林永生出獄後本來做螺絲生意，但沒賺錢。後來來找我，想要做珊瑚生意，我說要做珊瑚生意要找我大哥，我只會皮革。於是我們兄弟倆就和他合夥做珊瑚生意。當時有日本客人要用幾十萬買他的珊瑚，他覺得這珊瑚這麼珍貴，幾十萬他不賣。問題是你不能讓錢都卡死在那邊動不了，現在先賣，拿到錢後，繼續再買、賣下去，錢才能愈滾愈多。結果他就這樣貨一直囤積著，到最後當然就血本無歸。所以說做政治和做生意不一樣，政治做得好，不見得就有生意頭腦。

所有我幫助過的難友中，最讓我受傷的就是鄭清田。他長期接受我們夫妻接濟，我們供應他吃、供應他住、供應他金錢，甚至幫助他結婚和創業。結果，他事業失敗後反過來誣指我們夫妻。我原本想要告他，後因難友們勸阻而作罷。經過此事後，我才深深體會俗語所說的：「救蟲，毋通救人！」

自從我太太生病後，我的生活作息全亂掉，身體健康也日益走下坡。因為過去長期坐牢與從事政治運動，家庭疏於照顧，都靠我太太一肩扛起，所以我對太太是滿滿的虧欠。即使太太健康時，也曾和我一起出國旅遊，但國外旅遊經常在

因為過去長期坐牢與從事政治運動，家庭疏於照顧，都靠劉金獅的太太一肩扛起，所以他對太太是滿滿的虧欠。此為劉太太參加2004年2月28日「百萬人牽手護台灣」活動。

趕行程，所以太太並不喜歡出國。她會出國，大多數都是配合我的國外政治運動，純粹的國外旅遊，她就不大想去。

太太生病後，因為要照顧她，我就不再出國。如果平常有什麼事情，我也要先安排好她日常需要的東西，才敢出門做點事情。另外，以前家事都是太太包辦，現在變成一切自己來。忙完這些家事後，其實我所剩的時間也沒多少。加上我眼睛又不好，以前晚上會去堤防運動，現在也不方便。所以現在就是利用時間在家裡多少運動一下。如果那一天，做太多家事，我就沒運動；如果當天家事做的不多，行有餘力就會簡單動一下。

第六章

黨外、組黨到執政

一、投身黨外運動

我出獄後就投入黨外運動，當時大多數活動我都有參與，所以全島的政治人物大多和我熟識，我也是民進黨的創黨黨員。

(一)一九七五郭雨新立委選舉

一九七五年增額立法委員改選，郭雨新在台灣省第一選區（包括台北縣、基隆市、宜蘭縣）登記參加角逐。

郭雨新這次競選活動，從事得非常辛苦。國民黨運用各種力量，採取各種手

由於國民黨刻意製造肅殺的氣氛，以致政見發表會時，支持者只敢遠遠地望著，至於競選文宣根本沒人敢上前去拿。劉金獅已經出獄三年，根本不把國民黨的恐嚇當一回事。於是他就去雜貨店借腳踏車，載回來後，大家爭先恐後前來拿去。此為1975年增額立法委員選舉郭雨新政見發表會。

立 法
新
會 場
政 見

段，意欲全面封殺郭雨新。

當時，我在三重聽他的政見發表會。去參加郭雨新的政見發表會，我有另一個目的，就是要看有多少特務在那邊。那些特務，不管穿制服或便衣，我一看就知道。到現場看到那些特務，眼睛都睜得大大的在監視，我還遇到平常監視我的特務，他還跟我打招呼。現場特務真的不少，難怪支持者會那麼緊張。像我這種有案底的，根本不怕特務，其他人就嚇得怕引起特務注意。

由於國民黨刻意製造肅殺的氣氛，以致舉辦政見發表會時，支持者只敢遠遠地望著。至於競選文宣更不用說，根本沒人敢上前去拿。當時我已經出獄三年，像我們這種黑到不能再黑者，根本不把國民黨的恐嚇當一回事。眼見演講臺那邊有傳單，卻沒人敢上前拿。我身旁就有兩個人在那裡互相推對方到前面拿，我看他們過了半天都不敢上前，就說讓我去拿好了。他們兩人大喜，於是我就去雜貨店借腳踏車，用腳踏車載才可以載更多。載回來後，大家爭先恐後前來拿去。然後我又繼續載給大家，大家再爭先恐後前來拿。

當天晚上看到人氣那麼旺，我心想郭雨新絕對當選。哪知道國民黨政府大做票，廢票八萬多張，明的做、暗的做，票就做到沒了。

郭時禮是郭雨新的親戚，他稱郭雨新堂叔。我和郭時禮本就認識，他宜蘭市人，來三重當代書，我買房子時就找他當代書。郭雨新在三重的服務處就設在他家，他為人忠厚老實，不大主動參與政治，只是因為和郭雨新是親戚才幫忙。我當時跟他談到郭雨新，他只是笑笑不回答，非常小心謹慎。當然他那時畢竟和我還不熟，也擔心跟我講太多會被出賣。

（二）一九七九中泰賓館事件

一九七九年八月十六日，《美麗島》雜誌創刊，一出刊就造成轟動，一再加印，創刊號發行約十萬冊，第二期約九萬冊，第三期約十一萬冊，第四期約十四萬冊。雜誌中不只批評國民黨的威權統治，也探討世界各國的獨裁政權，批判力道猛烈。

九月八日，《美麗島》雜誌社在台北中泰賓館舉行創刊酒會，但在活動當日，卻遭到《疾風》雜誌社成員及自稱「反共義士」的人聚集在場外抗議，並不斷以「賣國賊」、「台獨份子」等言論攻擊出席活動的黨外人士，甚至向會場內投擲物品，此即中泰賓館事件。

這場事件，我有參與，國民黨的側翼疾風社真的很囂張，他們就在外面直接往裡面丟擲石頭。黨外當時有南北雙嬌（雲林縣蘇洪月嬌省議員與桃園縣黃玉嬌省議員，並稱為台灣省議會的「南北雙嬌」），北嬌要進去時就直接遭推倒在地。由於氣氛劍拔弩張，會議草草結束。要離開賓館時，大家還像部隊一樣，唱著歌曲、列隊離開，直到離開賓館一段路後才解散，就是要避免有人落單遭到襲擊。

(三)一九七九美麗島事件

一九七九年十二月十日，美麗島雜誌社在紀念聯合國通過〈世界人權宣言〉的世界人權日，於高雄發動遊行與演講。

晚間，群眾在雜誌社前拿著火把，要求廢除戒嚴令與釋放政治犯，並且沿著高雄街頭遊行示威。不久，參與遊行的民眾就在大港埔圓環附近，遭到數千名鎮暴部隊包圍。

鎮暴軍警先以強力的探照燈照射群眾，接著又對民眾釋放催淚瓦斯，然後再以盾牌進逼群眾，此舉終於引爆雙方衝突，導致雙方皆以流血掛彩收場。

美麗島事件發生之際，正是我生意忙得不可開交的時候。施明德打電話跟我說：「金獅、金獅，你找個一、二十人南下支援。」我答：「我哪有辦法？我自己坐牢十年，家裡生活要顧。何況我連個自己的工廠都沒有，還要和人家共用。我們牛皮是共同切的，我如果南下，牛皮一定會爛掉。我自己都無法南下，我要找誰南下?」我就直白告訴施明德，我確實有困難。也幸好我無法南下，不然依照當時的習慣，我一定拿著旗幟、走在前頭，國民黨政府大逮捕時，我一定就是其中之一。

(四) 一九八六民進黨成立

一九八四年，長期投入公職人員選舉的黨外人士，從原先的「黨外選舉後援會」發展成立「黨外公共政策研究會」（簡稱公政會）；新生代黨外人士則先於一九八三年籌組「黨外編輯作家聯誼會」（簡稱編聯會）。自此，公政會與編聯會雙方各自發展，時而合作，時而針對黨外運動路線展開論戰。

到了一九八六年，凝聚黨外力量，籌組新政黨，團結對抗國民黨統治，已經是大部分黨外運動者的共識。

為了推動組黨，「編聯會」成立組黨秘密小組。同個時期，「公政會」成立「組黨十人秘密小組」。

黨外人士秘密召開三次「綜合黨外問題協商會」，整合各方意見，團結黨外力量，尋求共同組黨的可能性，其中又以一九八六年九月二十七日的第三次會議最為關鍵。該次會議決定，利用隔天在圓山飯店舉辦的「一九八六黨外選舉後援會」會員大會，提案號召與會人士共同組成新政黨。果然依照原計畫，九月二十八日民進黨在圓山飯店宣布成立。

當時我們政治犯有在參與政治的，幾乎都加入黨外公政會。等公政會進行組黨時，我們也一起擔任創黨黨員。民進黨宣布成立前，我們都已經填寫入黨申請書正式入黨了。當時創黨黨員有一千多人。二〇一七年舉行創黨三十一週年紀念時，創黨黨員僅剩兩百多人還活著。年紀最輕的，已經五十幾歲了。

（五）一九八九鄭南榕自焚事件

鄭南榕在一九八六年策畫並推動了當年的五一九綠色行動，領導群眾在龍山寺集會，以訴求解除實施了三十七年的戒嚴；一九八七年他串聯許多團體發起「二二八和平促進會」，並在台灣各地遊行演講，要求查明二二八事件真相、平反冤屈。

一九八八年四月十八日於金華國中，他意氣風發地站在台上，痛快大聲地說：「我是鄭南榕，我主張台灣獨立！」九月擔任第二屆「台灣政治受難者聯誼總會」總幹事時，發起「新國家運動」，全島行軍四十天，聲援蔡有全、許曹德的台獨案。

一九八八年十二月十日，世界人權日當天，鄭南榕在《自由時代週刊》刊登許世楷所撰寫的《台灣共和國新憲法草案》，此舉卻因此讓他在隔年一月接到第一張

鄭南榕在1986年策畫並推動了當年的五一九綠色行動，領導群眾在龍山寺集會，以訴求解除實施了37年的戒嚴。

涉嫌叛亂的法院傳票。鄭南榕為了堅守台獨理念與百分之百言論自由的原則，誓言「國民黨只能捉到我的屍體，不能捉到我的人」，決定自囚於雜誌社內。

一九八九年一月二十六日起，他開始自囚於雜誌社總編輯室內，並在總編輯室桌下擺了三桶汽油，用膠帶黏著一只綠色的打火機，並在雜誌社內外構築防禦工事。當時我們一群約三、四十人主動輪班固守在他的雜誌社辦公室內，防範國民黨無預警抓人。

四月七日清晨，國民黨重兵壓境，軍警荷槍實彈、重重包圍，強行攻打雜誌社，當時前往現場「拘提」鄭南榕的是時任台北市中山分局刑事組長侯友宜。

當天一早，我接獲輪班的志工同仁電話說：「大批警力已出動抓人」。我立刻衝到現場，但為時已晚，雜誌社樓下已被大批警力包圍封鎖，我們在大樓現場外面的人員都無法突破優勢警力，眼看著雜誌社該樓層已冒出濃煙，而原留守在辦公室內的工作同仁卻被大批警力強制驅離，我的大女兒也是其中的一員。當時她欲強力擺脫警察的拉扯，再衝入火場內，卻被警察們殘暴地用腳踢倒，最後也被強制抓走。

一九八九年五月十九日，是鄭南榕喪禮的日子。喪禮隊伍前往「中華民國」總統府遊行，蛇籠和鎮暴警察嚴陣以待，而鎮暴部隊在遊行隊伍靠近時向民眾噴射強力水柱，引起群眾的憤怒。

1989年5月19日鄭南榕告別式後，劉金獅與送葬隊伍展開遊行。

就在此時，詹益樺為抗議國民黨當局，突然用預藏的汽油淋在身上，以引火自焚的方式，撲向蛇籠的鐵絲網並掛上「生為台灣人、死為台灣魂」的布條。這突然之舉令大家措手不及，大家立刻懇求在總統府旁待命的消防車隊趕快用水撲滅，但毫無人性的消防單位竟置之不理，硬是讓熊熊烈火將他給吞噬。

(六)一九八九郭倍宏旋風

一九八九年的三合一選舉，海外黑名單前仆後繼闖關返台。

當年郭倍宏偷渡回到台灣，然後高調宣布。國民黨內震怒不斷，透過軍情系統搜捕，參謀總長郝柏村懸賞破記錄的金額二百二十萬元，出動大批軍警全台追捕；行政院長李煥祭出首謀叛亂犯將處無期徒刑或死刑的嚴令，並且所有警察人手一張郭倍宏照片。

郭倍宏預先公布自己的行程。國民黨動員全台軍警搜捕、包圍之下，郭倍宏還是如期在一九八九年十一月二十二日，出現在台北縣中和體育場的選舉造勢晚會。

當晚，郭倍宏公開出現於盧修一與周慧瑛的政見演講會。在郭倍宏現身之後，現場燈光突然熄滅，數以千計的現場群眾一起戴上面具，掩護郭倍宏突圍。

我們十多人更是在演講台上，頭戴著黑色面具並且手牽手圍成一道人牆，掩護郭倍宏。郭倍宏於是戴著跟大家一樣的面具，逃出眾多軍警團團圍住的會場。

當時我們豆漿店對面有家葬儀社，葬儀社的騎樓租給人賣檳榔。情治人員經常就坐在檳榔攤旁假裝和小姐一起賣檳榔，其實是在監視我，我也見怪不怪了。十一月二十二日郭倍宏預計現身中和造勢，我當時也收到通知前往幫忙。突然間對面葬儀社裡出現十幾個人，葬儀社老闆是一個年輕的廹迌人，他舅舅非常支持尤清，他常提到他舅舅藉此和我搏感情。他當天早上從住家樓上下到一樓後，發現這陣仗。於是拿著杯子假意跟我買豆漿，說：「大哥、大哥，今天來了十幾個人，會不會想抓你？」我笑笑回答：「要抓我，就不會還在外面。他們是來抓別人的。」我出獄後參與政治活動很活躍，情治單位懷疑郭倍宏可能會透過我的安排前往參加造勢晚會，才會特別注意我的一舉一動。

（七）公職人員與我

我先後幫忙了尤清、洪奇昌、盧修一、周慧瑛、李應元、張禎祥、陳茂男。就幫忙的深入程度而言，洪奇昌最深入。

尤清先後當過監察委員、台北縣長、立法委員，資歷相當完整，是民進黨問鼎總統的最適當人選之一。可惜，他的理念過於保守，這漸漸讓裡面的獨派人士無法接受。有一次在宣傳車上，鄭南

劉金獅擔任立法委員候選人陳茂男競選總部主任委員。前排左起陳茂男、艾琳達、劉金獅、孫秋源。

安全・獨立・尊嚴

謹訂1998年10月24日(星期六)下午三時假三重市忠孝路三段45號舉行競選總部成立茶會，敬邀鄉親　蒞臨指導

13:00 車隊遊行
15:00 成立總部茶會
17:00 卡拉OK聯歡晚會

立法委員候選人

李應元 敬邀

立法委員李應元競選連任總本部

主任委員	劉金獅	後援會總會長	林萬居	執行總幹事	曹來旺
顧問會總會長	蔡光武	總幹事	張禎祥		

立法委員李應元競選連任三重總部

主任委員	劉金獅	
副主任委員	高月嬌	吳参寶
	吳　遷	廖金松
名譽總幹事	陳義英(A將)	
總幹事	邱正盛	
副總幹事	郭宗慶	
執行總幹事	盧榮章	
執行副總幹事	郭啓賢	何志源
行政組主任	劉安庭	
總務組主任	李應芬	
文宣組主任	黃坤全	
活動組主任	林主生	
組織組主任	吳東洋	
財務組主任	劉明玲	
公關組主任	曾繁松	
婦女組主任	楊美鶯	
機動組主任	薛永河	

顧問會名譽會長	何　溪	許文和
	謝清壹	何嵩才
顧問會會長	林水龍	
後援會名譽總會長	黃樹和	蘇春霖
	黃伯剛	蘇珠霖
後援會總會長	劉偉政	
後援會總副會長	黃嘉添	曹毓坤
	許福元	蘇東陽
	林義盛	沈慶華
雲林同鄉後援會名譽會長	王宗漢	林金溪
雲林同鄉後援會會長	蔡　搖	
雲林同鄉後援會副會長	廖銀山	陳培德
	吳清水	
婦女後援會會長	林桂蘭	
婦女後援會副會長	施淑蘭	
東區後援會會長	陳評國	
南區後援會會長	吳憲臣	
西區後援會會長	林明勇	
北區後援會會長	陳德木	
中區後援會會長	黃木豐	

劉金獅擔任立法委員候選人李應元競選總部主任委員。

榕就高喊：「讓我們尤清博士喊一下『台灣獨立』好不好？」底下歡聲雷動之際，尤清竟然還是不敢喊。於是獨派人士對尤清漸漸失望，後來獨派人士轉而聚集在洪奇昌那邊。

洪奇昌屬於新潮流，年輕又敢衝，當時聲勢看好。鑑於尤清的主張過於保守，我轉而支持主張建國的洪奇昌。洪奇昌當年也確實做得有聲有色，可惜晚節不保。有一次他妹妹遇到我，有感於我當年那麼熱心幫她哥哥，她哥哥卻完全走樣，她一直跟我說：「對不起！」

講到新潮流，其實早在其前身編聯會時，我就參與了。到了新潮流時代，我繼續參與。邱義仁當時還很年輕，他經常穿著拖鞋，然後開車載田媽媽（田孟淑）、吳老師（吳鍾靈）和我去泰源事件五烈士之一的詹天增家探望他媽媽。

二、政治受難者聯誼總會成立

一九七二年出獄時，我們全家一起住在三重河邊北街丈母娘家裡。一九七七年秋天，才由丈母娘家搬到現在三重自強路五段這邊。

(一) 率先成立台北縣政治受難者聯誼會

白色恐怖時代，每個人都怕跟政治犯往來，但是我並沒有懼怕，在我出獄後，只要有認識的政治犯出獄，我都會邀請他們到家裡來，像是林永生、林樹枝、黃樹琳、鄭清田、戴榮德、林振賢、林欽添、陳信銘等等，其中陳信銘出獄後考上台大夜間部，也曾在我家中住過一年。情治單位因此特別注意我，甚至有一位擔任線民的義警，就在我家對面，專門監視我的一舉一動，如果有車子或摩托車停在我家門前，他都會將車號記錄下來。

劉金獅（左二）與林清賢（左一）於1987年敦聘尤清（左三）為該會顧問時合影。

當時光是住在三重的政治犯，就有五、六十人之多，加上很多難友出獄後都來投靠我，大家想說要做什麼、幹什麼，於是我就把難友們組織起來成立台北縣政治受難者聯誼會，大家推選我當會長。當時林永生也來參加，後來他也成立台北市政治受難者聯誼會，和他競選會長的是陳水扁，陳水扁當時名氣和林永生沒得比，所以自然就是林永生當選。之後其他縣市也陸續成立政治受難者聯誼會，於是蔡有全和林永生就計畫成立全國性的總會。

(二) 政治受難者聯誼總會成立

成立台北縣政治受難者聯誼會後，我當時沒錢，正忙著賺錢，自然也不可能有心思去想成立全國性的總會。事實上，要不是我太太那麼辛苦賺錢又無怨無悔地支持我，我也不可能繼續參與政治運動。很多政治犯出獄後，太太根本就不讓先生再插手政治。像吳俊輝就是這樣，他是出獄後才結婚，他一直不敢讓太太知道難友去找他。

全國性的總會第一次籌備會就選在台北市仁愛路圓環蘇治芬經營的咖啡廳。後來又陸續舉行了幾次籌備會，主導的是蔡有全和林永生，我則每次都有參與。

有次趁著周清玉創辦的關懷中心在淡江中學辦夏令營時開籌備會，不過消息走漏，當晚很多情治人員就假扮成情侶來現場監控，籌備會因此不了了之。

1987年8月30日，一百四十多位曾經遭受國民黨迫害的政治受難者，聚集台北市國賓大飯店，在二樓國際廳成立「台灣政治受難者聯誼總會」。（照片來源：邱萬興提供）

原本大家打算在一九八六年成立總會，不過考量當時戒嚴氣氛仍然高壓，於是決定先組黨，組黨成功後再來成立。民進黨於一九八六年九月二十八日成功組黨後，一九八七年政治受難者聯誼總會也正式成立。

一九八七年八月三十日，一百四十多位曾經遭受國民黨迫害的政治受難者，聚集台北市國賓大飯店，在二樓國際廳成立「台灣政治受難者聯誼總會」。

出於對魏廷朝人格及能力的敬佩與肯定，工作小組決定邀請他擔任會長，便請我去拜託魏廷朝擔任首屆會長。

在安坑時，謝聰敏和魏廷朝都在那當外役。謝聰敏負責圖書館，魏廷朝真的是一個人格者，對於獄方的各種不公不義作為，他會挺身而出；他自己份內的工作做完，也會去幫助其他獄友。

工作小組找我去拜託魏廷朝，我從魏廷朝口中得知，他曾經在美麗島雜誌社跟蔡有全相處過，熟知他的個性，若有蔡有全和林永生在，他不可能當會長。於是我向魏廷朝保證蔡有全和林永生兩人不會擔任要職，最後魏廷朝才答應。總會成立時，大家就選魏廷朝為會長、柯旗化為副會長。至於執行委員，由於政治受難者都認識我，我以最高票當選。

現在的「政治受難者關懷協會」前身就是「政治受難者聯誼總會」，一九八七年創會，一年一屆，二〇〇〇年陳水扁執政後向內政部登記為政治受難者關懷協會。聯誼總會時期（一九八七—二〇〇〇）會長分別為：魏廷朝、黃華、楊金海、吳鍾靈、姚嘉文、鄭自才（在監）、鄭自才、陳三興、陳三興、楊金海、楊金海、劉金獅、劉金獅；關懷協會時期（二〇〇〇—）會長則分別為：劉金獅、劉金獅、周彬文（陳進來、趙蘭芳）、陳進來、陳信銘、蔡寬裕、劉辰旦、陳中統。

政治受難者聯誼總會時期，我擔任第十二屆（一九九八年當選）、第十三屆（一九九九年當選）會長，二〇〇〇年向內政部登記為政治受難者關懷協會後，又擔任第一屆（二〇〇〇年當選）、第二屆（二〇〇一年當選）會長。當時政治犯受尊重，很多團體都會邀請政治受難者聯誼總會（或政治受難者關懷協會）共同參加活動。我當會長時非常積極投入，所以才會有活動聯絡人寫劉金獅，主持人也寫劉金獅的情形出現。當時很多人出獄後都不敢再參與，我是少數例外者。歷屆會長其實很少做事，主要是我這個北部聯絡人在做。直到二〇〇六年一月二十一日太太突然中風後，我才比較沒辦法去參與。

政治受難者聯誼總會成立當天，蔡有全是會議主持人，當討論到組織章程第三條「我們的基本共識」時，許曹德提案要求大會把「台灣應該獨立」列入。最後，大會通過此一提案，當場魏廷朝、柯旗化宣布辭去會長、副會長，這時有人喊組織解散，張俊宏夫妻和一些人則離開會場，當下局勢變得混亂。開執委會時，執委們反對解散，而楊金海則表示願意接會長。楊金海雖然有人說他為人愛現，拿起麥克風就一直講，但當時確實令人佩服。他還在保外就醫，隨時會被抓進去，他卻願意承擔這一切。當時陳菊問楊金海：「你身體不好，這樣好嗎？」楊金海說：「沒關係。」然後執委們也不怕被抓，像我都關了十年，坐牢也坐得很習慣了。如果解散，一定會被國民黨看不起，於是組織繼續運作下去。

當天晚上，政治受難者聯誼總會在台北市金華國中舉辦演講會。蔡有全用強而有力的手勢公開聲明：「我主張台灣獨立，我公開表明主張建立一個新而獨立

許曹德、蔡有全兩人因公開主張台灣獨立，遭高檢署起訴，在1987年10月12日兩人首度出庭應訊，隨即被以「叛亂罪」當庭收押。引發海內外台灣人群情譁然，許多人上街聲援。高舉雙手者後方即為劉金獅。

的國家。」

許曹德、蔡有全兩人不久便因公開主張台灣獨立，而遭高檢署起訴，在同年十月十二日兩人首度出庭應訊，隨即被以「叛亂罪」當庭收押。此舉引發海內外台灣人群情譁然，激怒許多人上街聲援。

一九八八年一月九日，許曹德、蔡有全的「台灣獨立案」在高等法院進行長達十四小時的辯論庭，從早上九點半開到晚上十一

1988年6月25日台灣高等法院更一審期間，許曹德、蔡有全「台灣獨立案」的親友們前來聲援。前排左起田媽媽、蔡有全夫人，後排左起林永生、蔡財源、劉金獅、鄭南榕、楊金海、林再受。

點二十分才結束。一週後的一月十六日，許曹德、蔡有全兩人因「預備意圖竊據國土罪」分別被判處十年、十一年有期徒刑。

於是「政治受難者聯誼總會」在全台舉行二十九場聲援許、蔡台獨案活動，在台灣街頭高舉「台獨有罪嗎」旗幟，一波又一波向前行。大家無視於鎮暴部隊的圍堵，救援會展開環島的「台灣要獨立，獨立救台灣」的台獨之旅，讓台獨聲音傳遍各地。

一九八八年十一月十六日，由第二屆「台灣政治受難者聯誼總會」會長黃華擔任總指揮、楊金海擔任副總指揮、鄭南榕擔任總聯絡、林永生擔任總幹事，發起「新國家運動環島行軍」，以四十天的時間，徒步環島一周，走入大街小巷宣揚台獨理念。

「新國家運動環島行軍」以實際行動主張台獨，不僅聲援許、蔡兩位政治犯，也具體提出理念訴求：提倡新國號、新憲法、新體制、新國會、新政府、新文化、新社會、新環境。

這段期間，我一大清早去幫忙太太的早餐生意，下午即搭車南下參加遊行及演講會，當晚活動結束後再一起回到台北。有時也搭廂型車，往返全台各地參與演講會及遊行。有一次去鹿港參加活動，在彰化交流道發生翻車意外，幸好當時車輛很少，否則後果不堪設想。車上有田媽媽（田孟淑）、林永生、林樹枝等人，車禍當時，我在車內被壓在最底下，當時田媽媽受傷較重，我們就先送田媽媽就醫後才回家，回到家後才發現自己全身痛得不得了。

(三) 登記為政治受難者關懷協會

政治受難者聯誼總會第十一屆即將屆滿時，楊金海、蔡寬裕等人就放出風聲說蘇洪月嬌想接第十二屆會長。由於蘇洪月嬌形象有爭議，不少難友都勸我出來選，因為大家認識我、跟我要好。過去要選會長的人，如果徵得我同意，基本上就選得上了。這次沒人要出來，倒是蘇洪月嬌想出來，大家不放心，因此力勸我出來，尤其洪文慶更是要我出來。我說：「我要是想選，早就出來選了。但我只有國民學校畢業，站著不會講，坐著不會寫，學歷比我好的人那麼多，我不適合啦！」他說：「沒問題啦！你只要出來當，我們再找個總幹事幫你，就不成問題了。」

吳鍾靈和洪文慶關係很好，吳鍾靈比較低調，洪文慶則是為人正派熱心、勇於出面。他就一直打電話給我，推我出來選。我當時在李應元的服務處擔任主任委員，有空時就去那邊坐鎮。我於是問李應元，李應元說：「當然好呀！」我說：「我學歷不夠，怕做不來。」李應元說：「沒問題啦！如果有什麼做不來，我這邊派個人去幫你就好了。」當時張禎祥的服務處和李應元的是聯合服務處一起運作，他也大力支持，於是我才決定出來接會長。因為我是李應元服務處主任委員，當會長自然對李應元有加分的作用，所以李應元積極說服我去接。

我擔任公職人員的主任委員，從來沒跟人家支領薪水，因為大家當時都沒錢，所以我純粹當義工。

二〇〇〇年阿扁執政後，考量到向機關申請經費和讓捐款者能夠抵稅，台灣政治受難者聯誼總會向內政部提出申請。內政部表示根據人民團體法，不能有「聯誼」兩字，但是我們又不想冠上「中華民國」字樣。經過折衝後，最終以「台灣戒嚴時期政治受難者關懷協會」申請為法人團體。

1999年全美台灣人權協會世界人權日紀念晚會「王康陸人權獎暨鄭南榕紀念獎」頒獎典禮。劉金獅獲得鄭南榕紀念獎，12月12日在美國舊金山接受頒獎時在大會致詞。

2000年7月16日召開「台灣戒嚴時期政治受難者關懷協會」成立大會暨第一屆第一次會員大會，劉金獅（站立者）獲選為會長。劉金獅旁即為呂秀蓮副總統。

三、國民黨特務統治

二二八事件中台灣有太多菁英遭他們屠殺了，加上白色恐怖時期稍微有主見的人馬上被抓，在這種情況下有些人基於自身利益就去投靠國民黨。像南非、印尼、菲律賓的情況也是一樣。否則他們本地人多勢眾，如果團結起來，早就把外來殖民者推翻了。所以說：「巧的食憨的。」

我曾搭飛機從荷蘭回台灣，心想在當代航空時代，從荷蘭到台灣都要花一整天，當時帆船時代又沒有蘇伊士運河，荷蘭人和西班牙人怎麼有辦法遠渡重洋來統治台灣？他們就是利用分化被殖民者。

(一)軍法處看守所的死刑犯特務

前面提到在青島東路軍法處看守所時，有個跟我關在一起的前調查局人員被判死刑，跟我同房。當時規定每一個人要輪流打掃押房，這個特務被判死刑，戴著腳鐐不方便打掃，於是我就故意接近他，幫他洗碗及擦地板。後來混熟了後，他把我當成好朋友，他就跟我說：「我坦白跟你說，我是忠貞國民黨員，但這次被判死刑，要無罪已經不可能。不過我還是寫寫上訴狀，碰碰運氣。我在上訴狀裡寫我幫政府抓了一百多個台獨份子，有不少被判死刑，結果自己到頭來也變成死刑犯。」他還拿他的上訴狀給我看。然後他又說：「國民黨統治台灣是有一套方法的！譬如說，在基層對於那些喜歡出風頭的人，就讓他們出來當鄰長、里長、義警等，如果遇有什麼事情，譬如有人被抓去派出所，就由這些人去保他們出來，這些人就覺得他在地方了不起，可以吃得開。又譬如對於省議員，就看這人是愛當官還是想賺錢，想賺錢就讓他賺取不法利益，等到有他把柄後，他在省議會自然就乖乖配合，不敢不聽話。」他也跟我說起大多數台灣人對於政治缺乏了解，更別說是權力鬥爭了。

當時放封時，這個調查員就一直跟我聊，不知情者還怪我說：「你怎麼跟那個抓耙仔走那麼近？」其實我的用意是想知道他們怎麼在耍台灣人。

（二）調查局企圖吸收

戒嚴時期，台灣特務密布，八大情治系統分別為：法務部調查局、國防部情報局、國防部憲兵司令部調查組、台灣警備總司令部、國防部總政治作戰部、中國國民黨大陸工作會、內政部警政署、國家安全局。

調查局知道我經常出入各黨外雜誌，於是想利用我家附近的一位張姓醫師（外省退伍軍人，自開診所）接近我。張姓醫師來找我，說想介紹朋友給我認識。我知道對方一定是國民黨背景的，只是不知其身分，心裡雖然覺得奇怪，但還是勉強答應了他，想了解他的動機為何。

於是張姓醫師就介紹一位姓賈的先生和我認識。賈先生說：「你只要幫忙注意有沒有人攜帶槍械或做不法行動即可，有的話再報給我知道。」我心想：「要我通報有沒有人攜帶槍械或做不法行動，那不就是要我當抓耙仔？」賈先生要我準備相片和身分證影本，他繼續說：「加入有什麼好處呢？屆時你經營事業，若遇到什麼問題，我們都可以協助你解決。我們也可以讓你隨意貸款。而且我們每個月會付你薪資三萬元，我們付給張醫師的薪資才兩萬五而已，我們對你特別看重。」他緊接著說：「你就去深耕和關懷雜誌看看有什麼事情，然後告訴我們。如果有重要的消息，我們至少給你三百萬的報酬。」我敷衍他說：「好啦，好啦！如果有什麼消息，我會跟張醫師說的。」他又聲稱：「像台北市議員王某某的哥哥，我們也幫他借錢。」我回答他說：「我做小生意，生活過得去即可，不需要用到大筆資金。」

調查局人員以為我不曉得他們在盤算什麼。不要說我絕不可能和他們合作，退一萬步想，就算和他們合作，下場也一定不好！想給我好處，交換我給他們黨外的情報？他們真的當我什麼都不懂。

(三) 與派出所的互動

不只是調查局，派出所警員也經常兩三天就來做一次戶口調查。就連派出所主管也會經常和我打交道。之前的派出所主管都和我認識，有一次換了新的主管，他知道我，但沒正式打過招呼。

有一次晚上，一輛酒駕的汽車，倒車時撞壞了我豆漿店的鐵門和攤子，然後就開走了。我鄰居發現後，就騎機車追蹤他到高速公路旁。然後他趕緊回來告訴我，我就讓他載過去。在那邊等了好一陣子，一直等不到人，倒是有兩個警員過來詢問。我們將詳情說明後，其中一位警員就回派出所拿相機拍下那輛車的牌照。

兩位警員說會通知車主處理，過了幾天一直沒收到警方通知，於是我就直接去派出所。到了那邊，主管正在那，突然跑來跟我寒暄。得知來訪目的後，就交代負責警員處理，警員於是通知肇事車主前來。車主來後，一直對酒駕肇事賠不是。我說：「我鐵門和攤子損壞以及這幾天無法做生意的損失，你覺得該賠償多少？你說多少就多少，我不會跟你討價還價。」他說：「四萬如何？」我答：「你說多少就多少。」於是就四萬成交。事實上，當初如果他說的價格低，我也會接受。結果他的報價比市價高一些。

當時不同情治單位立場不一，相對於調查局小看我們，想收買為線民，派出所則是認為不要發生事情就好。

（四）找警總投訴

記得出獄後重新開牛皮工廠時，我的工廠開在龍門路底。當時三重這邊的淡水河尚未建築堤防，那裡聚集了各式各樣的工廠。當地派出所警員就去收取不當規費，要每個廠商每月給一千元。我當時不願給，這土地又不是你們的，我幹嘛要給。於是我就說：「我剛做生意，還沒賺錢，我沒能力給。」他寬限我一次後，下個月又想收。

我於是直接打電話給警總，警總問明原委後，就說不用給。過沒多久，那個警員就被調走了。

這些情治單位經常造成我們的困擾，偶而卻也會幫我們。大概是他們也不想沒事把事情鬧大吧！

(五) 其他情治人員與抓耙仔

這些情治人員與抓耙仔真的是無孔不入，我知道的就好幾個，不知道的當然更多。

我在豆漿店幫太太時，就有個情治人員天天在對面檳榔攤監視。

我幫尤清時，情治人員也照常出現在尤清的服務處。有一次趁我不在，還拿禮盒和一萬現金要給我大女兒，說甚麼是表達對我的敬重。我女兒說：「我們在父親入獄沒得吃的時候，都沒跟你們拿了，現在怎麼可能會跟你們拿？」說完就把那一萬塊丟回去。

抓耙仔更是形形色色。同樣在尤清服務處，我發現有個人老是拿相機拍呀拍。於是我問：「你幹嘛一直拍照？」他答：「我幫大家拍呀！」我回：「你已經拍這麼多次了，你哪次拿照片給大家？」他辯稱：「我還在整理，整理好後就給大家。」我不客氣答：「要給早就給了，哪需要拖這麼久，不要再拍了！」

美麗島雜誌社當時有個員工名叫徐春泰，他是泰國華僑，外號叫「泰國」。他在施明德旁邊幫忙，美麗島事件時也是在隊伍前面掌旗。當時他常跟高金郎在一起，遇到我時做一百八十度鞠躬，非常謙卑有禮貌。施明德逃亡期間，他來問我是否知道施明德在哪裡。他聲稱已經準備好船隻，要讓施明德偷渡出境。我回答說：「我什麼角色而已，怎麼可能知道施明德在哪？」後來徐春泰找到許晴富，許晴富根本不曉得徐春泰是抓耙仔，結果消息走漏，不久施明德就遭到逮捕。

政治犯出獄後走頭無路，很多人都會來我這邊，施明德坐牢十五年後出獄也不例外。徐春泰也知道，所以在施明德逃亡期間，徐春泰和高金郎就一起來找我。等施明德被捕，我們才知道他是抓耙仔。高金郎當時開計程車，載徐春泰跑來跑去，他根本不知道徐春泰是抓耙仔，這連帶使得施明德也誤會高金郎是抓耙仔。高金郎真倒楣，他只能大嘴開開，能說什麼？後來高金郎的律師請法院去調政治檔案，但是有關部門卻以機密為由不願提供。結果大家就以訛傳訛，說高金郎是抓耙仔，讓高金郎不勝其擾。

有當抓耙仔或沒當抓耙仔，應該開誠布公，怎麼可以假借機密之名，不願意公布真相。做違背良心的事，該承擔就要承擔。結果以前做抓耙仔，現在做大官，社會沒有是非，自然就成了亂源。

四、邁向執政

(一) 吸收黨員擴展支持者

我去太太經營的早餐店幫忙時，林清文是我們買原料的廠商。他每次來收貨款時，我都拿一些剪報、雜誌、書籍等等給他看，然後再問他一些問題，結束後再將貨款交給他。他原本只會看時事議題，過去就算了，並沒有什麼政治意識。經過我慢慢啟蒙後，他後來都尊稱我是老師，不只入黨，還在日本加入台獨聯盟（我是在美國加入）。

有一天我外出回家時，有一對母女要來找我，但不知我住哪一間，恰巧我正走進巷子，他們母女趕緊跟我打招呼。媽媽說她是林金圳的太太，女兒要出馬競選里長，希望我支持，我說當然沒問題。她先生是我多年來的舊識，也是因為我的關係，就帶了一群常聚會的朋友集體入黨，她女兒當年恐怕都尚未出生。當時遇到集會或抗爭，他們一群人都積極參與。

又有一次我去參加遊行時，在半路休息。突然有人跑過來跟我說：「金獅兄，你真厲害！我同學原本是國民黨在村里的負責人，你竟然有辦法讓他加入民進黨。」他的同學是朱阿昆，開藥房。我每次去買藥時，就會順便帶剪報去給他看，他不敢當眾看，就把剪報先放進抽屜，晚上再偷偷看。有一次我拿鄭南榕的《自由時代》雜誌給他，他說：「這你也有啊！」我當然有，我當時常去幫忙鄭南榕。於是我說：「對呀！既然你有興趣，下次我再帶其他本《自由時代》雜誌來。」後來他就加入民進黨了。而且他還偷偷介紹朋友入黨，先後有四、五十人以上。他不好出面當入黨介紹人，於是這超過四、五十個黨員的介紹人都寫我。

一九八六年九月二十八日民進黨在圓山飯店宣佈成立，接著二級黨部台北縣黨部與三級黨部三重市黨部也成立了。三重市黨部也有主委和組織編制，我則擔任顧問。當時主委和顧問都沒薪水，反而還要自掏腰包捐款。

1986年9月28日民進黨在圓山飯店宣佈成立，接著二級黨部台北縣黨部與三級黨部三重市黨部也成立了。圖為民主進步黨台北縣黨部成立大會暨第一屆黨員大會，右為劉金獅、左為洪茂坤。（照片來源：邱萬興提供）

（二）寄望年輕世代

民進黨執政時，立委蘇治芬推薦了吳鍾靈、呂洪淑女（呂國民妻）及我等多位人士列在無給職國策顧問名單上，不過我婉拒了，我不曾有過擔任一官半職的打算。我自己只有國民學校學歷，哪有什麼能耐擔任國策顧問這麼重要的職務，我覺得應該讓年輕有為、有學識的人來為台灣做事。

2000年5月20日首度政黨輪替，民進黨執政。

2004年身為台灣政治受難者關懷協會會長的劉金獅代表該會敬贈「台灣維新之父」匾額予李登輝前總統。左起游吉富、李登輝前總統、劉金獅

2001年劉金獅率政治受難者進入總統府拜會陳水扁總統時致詞。

參考資料

《白色跫音：政治受難者及相關人物口述歷史，第一輯》，國家人權博物館籌備處，2011.12

〈原安坑刑場〉，收錄於國家人權博物館「國家人權記憶庫」
https://memory.nhrm.gov.tw/TopicExploration/LocationSpace/Detail/131

曹欽榮，〈臺灣戒嚴時期政治受難者關懷協會〉，收錄於國家人權博物館「國家人權記憶庫」
https://memory.nhrm.gov.tw/NormalNode/Detail/18?MenuNode=25

〈國防部臺北軍人監獄〉，收錄於文化部「國家文化記憶庫」
https://tcmb.culture.tw/zh-tw/detail?indexCode=Culture_Place&id=126666

〈國防部新店監獄（新店軍人監獄）〉，收錄於文化部「國家文化記憶庫」
https://memory.culture.tw/Home/Detail?Id=112975&IndexCode=Culture_Place

〈國防部軍法局〉，收錄於文化部「國家文化記憶庫」
https://memory.culture.tw/Home/Detail?Id=300673&IndexCode=Culture_Place
〈台灣警備總司令部軍法處看守所（景美看守所）〉，收錄於文化部「國家文化記憶庫」
https://memory.culture.tw/Home/Detail?Id=115317&IndexCode=Culture_Place
邱國禎，〈島内的台灣獨立聯盟事件〉，收錄於南方快報
http://www.southnews.com.tw/myword/05/myword_05008.htm
兩個太陽的台灣編輯部，〈郭倍宏依舊！當年一起帶上面具的勇敢台灣人還在嗎？〉，收錄於
鯨魚網站，2017.03.23
https://www.hi-on.org/article-single.php?At=58&An=161597
林志鴻，〈歷史上的今天：美麗島事件紀念日〉，收錄於新台灣和平基金會，2022.12.10
http://www.twpeace.org.tw/wordpress/?p=2408
林志鴻，〈歷史上的今天：許曹德、蔡有全台獨案出庭日〉，收錄於新台灣和平基金會，

2023.01.09
http://www.twpeace.org.tw/wordpress/?p=2478

Brian，〈歷史上的今天：民主進步黨成立〉，收錄於新台灣和平基金會，2023.09.28
http://www.twpeace.org.tw/wordpress/?p=3060

Brian，〈歷史上的今天：鄭南榕自焚日—我主張台灣獨立〉，收錄於新台灣和平基金會，2023.04.07
http://www.twpeace.org.tw/wordpress/?p=2649

國家圖書館出版品預行編目 (CIP) 資料

劉金獅回憶錄：勇敢堅韌的革命者 / 劉金獅口述；
張文隆著 . -- 初版 . -- 臺北市：前衛出版社, 2024.11
面； 公分

ISBN 978-626-7463-64-2(平裝)

1.CST: 劉金獅 2.CST: 回憶錄 3.CST: 台灣民主運動

783.3886 113016055

劉金獅回憶錄：勇敢堅韌的革命者

口　　述　劉金獅
作　　者　張文隆
責任編輯　林君亭
文字校對　廖爲民
美術設計　江孟達設計工作室
內頁設計　張明娟

出 版 者　前衛出版社
10468 台北市中山區農安街153號4樓之3
電話：02-25865708 | 傳眞：02-25863758
郵撥帳號：05625551
購書・業務信箱：a4791@ms15.hinet.net
投稿・編輯信箱：avanguardbook@gmail.com
官方網站：http://www.avanguard.com.tw

出版總監　林文欽
法律顧問　陽光百合律師事務所
總 經 銷　紅螞蟻圖書有限公司
11494 台北市內湖區舊宗路二段121巷19號
電話：02-27953656 | 傳眞：02-27954100

出版日期　2024 年11 月初版一刷
定　　價　新臺幣320 元

I S B N：978-626-7463-64-2
E-ISBN：9786267463758 (PDF)
9786267463741 (EPUB)